图书在版编目（CIP）数据

特殊儿童表达性艺术活动设计与指导 /周巧，李丹
主编. --重庆：重庆大学出版社，2020.11
（特殊儿童教育康复指导丛书）
ISBN 978-7-5689-1988-3

Ⅰ.①特…　Ⅱ.①周…　②李…　Ⅲ.①艺术教育—儿
童教育—特殊教育—研究　Ⅳ.①G764

中国版本图书馆CIP数据核字（2020）第215245号

特殊儿童表达性艺术活动设计与指导
TESHU ERTONG BIAODAXING YISHU HUODONG SHEJI YU ZHIDAO

主　编　周巧李丹
副主编　谭雪莲　洪显利
策划编辑：陈　曦
责任编辑：陈　曦　　版式设计：张　晗
责任校对：张红梅　　责任印制：张　策

*

重庆大学出版社出版发行
出版人：饶帮华
社址：重庆市沙坪坝区大学城西路21号
邮编：401331
电话：（023）88617190　88617185（中小学）
传真：（023）88617186　88617166
网址：http://www.cqup.com.cn
邮箱：fxk@cqup.com.cn（营销中心）
全国新华书店经销
重庆市国丰印务有限责任公司印刷

*

开本：787mm×1092mm　1/16　印张：13.75　字数：243千
2020年11月 第1版　2020年11月第1次印刷
ISBN 978-7-5689-1988-3　定价：88.00元

国家出版基金项目
NATIONAL PUBLICATION FOUNDATION

总主编：张文京　向友余
总主审：许家成

特殊儿童
表达性艺术活动设计与指导

主　编　周　巧　李　丹
副主编　谭雪莲　洪显利

重庆大学出版社

总序

"特殊儿童教育康复指导丛书"是为特殊儿童的家长和一线特教老师打造的入门级的实践性图书，既有一线特殊教育老师需要的特殊教育的知识，又有康复训练的技术。

丛书结构

"特殊儿童教育康复指导丛书"秉持教育和康复相结合的理念，分为两种类型：其中一种从特殊教育分类出发，介绍不同障碍类别儿童的教育与康复；另外一种从康复技巧出发，介绍核心课程、心理咨询、辅助技术对于特殊儿童的作用。两相结合，让使用者能够更好地理解和运用教育康复理念。

丛书内容基本上分为理论篇、教师篇和家长篇。理论篇力求科学、实用、易懂，便于教师和家长了解相关理论基础；教师篇侧重在学校环境下对学生的教学和康复指导；家长篇侧重在家庭环境下主动巩固和维护好学生能力。介绍相关基础理论，是为了方便教师和家长，在不同环境下分别设计契合各自特点的活动方案。

丛书特色

"特殊儿童教育康复指导丛书"不仅强调技术层面的操作性，而且会提供资源支持，比如同质家庭交流平台、互助的团体、可以提供帮助的机构，以及各种有效的在线资源，并不断更新。鼓励家长先接受孩子的特殊性，接受积极的观念，然后找到可以交流和依靠的平台，寻求有效的教育康复。从精神层面讲，这样的支持对特殊儿童的家庭更加重要。

丛书意义

1. 提升教师的专业素养

丛书在介绍特殊教育基础知识的同时，融入了康复的理念和方法。特教老师不仅能了解特殊教育领域的知识和技能，还能广泛了解和学习相关的康复领域知识和技能，并且能够学会两者的结合与运用，在有效提高特殊儿童学习质量的同时，也提升自己的专业素养。

2. 帮助家长真正参与到特殊儿童的康复生活中

通过一定的指导性阅读，丛书能够帮助特殊儿童的家长建立起正确的教育康复态度和知识能力，使其能够配合学校开展较为有效的教育康复家庭活动，建立起家庭与学校、家长与康复人员之间的支持与合作关系。

3. 指引教师跨学科交流、多团队合作，促进教育康复专业建设

本丛书除了在实践层面给予一线教师和学校指导，其理念还倡导跨学科的交流，以及多团队合作。教育康复本身就需要多学科跨专业团队共同合作才能完成工作任务，其合作贯穿所有工作。与特殊教育联系紧密的专业领域，如医学、心理咨询、科技辅具，以及康复中的语言治疗、动作治疗、作业治疗、艺术治疗等的融入，使特殊教育直接受益，也能促进教育康复专业的建设。

4. 本项目在传统出版的基础上，为数字出版做好铺垫

特殊教育因为其个别化教学的特点，对于教学方法、教学资源都有着灵活和多样化的要求，通过在线平台和数据库等数字出版形式，与传统出版相辅相成。

张文京

2019 年 8 月

艺术为每一个孩子，每一个孩子为艺术。一方面，艺术为所有儿童提供了一种可以自由选择、自我控制并创造出无限可能的独特表达机会，这对于那些经历障碍以及无法用语言表达的儿童来说尤其重要。另一方面，所有儿童都应该享受到丰富而有意义的艺术活动体验，儿童借由艺术更好地融入环境，与成人和同伴建立联系，并一起平等地表达、交流与探索。

表达性艺术以其独特的方式吸引着儿童，并具有教育和治疗的力量。考虑特殊儿童的身心发展特点，把各领域的表达性艺术活动以游戏的方式统整并融入特殊儿童的教育康复中，将有利于特殊儿童的感知觉、动作、沟通、认知、生活自理以及社会情感等领域的发展。特殊儿童通过参与各种带有指导性的表达性艺术活动，可以表达个人情绪感受，改善心理冲突，完善生理、心理和社会性功能发展的目标。

本书的出版是重庆师范大学"特殊儿童艺术教育治疗中心"探索发展近十年来的成果体现，包含了团队成员对艺术教育治疗领域的浓厚兴趣以及专业知识与经验的分享。想要清楚介绍艺术教育治疗领域里的众多新发展，是一项颇具挑战性的工作，然而又非常值得我们去尝试。因此，本书在组织编写的过程中，基于全人发展观、多元智能发展观、人本主义取向和发展性取向的设计理念，以综合取向的表达性艺术治疗观点，选取了音乐、美术、戏剧和游戏四大领域的活动，围绕特殊儿童发展七大领域的具体目标提供了大量的相关知识与实践案例，将表达性艺术活动的多元化、个性化、创造性和社会性等特点展现出来，期望为特殊儿童的老师和家长提供理论的支持与实践的资源。本书具有科学系统的理论指导、紧密衔接的活动方案、互动趣味的活动形式以及理论实践的紧密结合等特色。

本书各章节编著者的具体分工如下：

第一章 概述 第一、二节由周巧编写，第三节由李丹编写。

第二章 特殊儿童音乐活动设计与指导由李丹编写，活动设计范例作者有：重庆市江北区观音桥小学校杨梅，四川大学附属实验小学江安河分校詹世英，重庆师范大学儿童智能发展中心郭银行。

第三章 特殊儿童美术活动设计与指导由周巧编写，活动设计范例参与者有：广东省深圳市元平特殊教育学校张泰萍，重庆市渝中区特殊教育学校余璐，重庆市巫山县特殊教育学校旷才先，重庆市璧山区特殊教育学校万秀峰，遂宁市船山区第一幼儿园邓亦萱，江苏省江阴市特殊教育中心校钱晓程，湖北省宜昌市英杰学校刘梦瑶，浙江省慈溪市特殊教育学校周雯妮，湖北省宜昌市新东方学校杨梅，重庆市忠县特殊教育学校叶青青，重庆市巫山县特殊教育学校杨晓东。

第四章 特殊儿童戏剧活动设计与指导由谭雪莲编写，活动设计范例作者有：台湾戏剧治疗师苏庆元，广州市越秀区启智学校陈洁莹，成都市龙泉驿区特殊教育学校刘友群。

第五章 特殊儿童游戏活动设计与指导由洪显利编写，活动设计范例参与者有：许川勇、何少魁、魏潇潇、祝璐、钱秋宏、秦雪敏、王敏、金之媛、余俊良、羊丽苹、陈方英、李雪梅、祝可、李玉竹、陈小凤、努尔比娅、黄华新、邓开敏、刘晓蝶、李庆琳、程美宁、袁玉萍、蔡卓玲。

感谢众多一线特教学校教师和学生的支持与辛勤付出！

本书参考了大量的中外文献，借鉴和引用了大量前人的研究成果，在此也特别加以说明，并对学者同人们致以衷心的感谢！还要感谢重庆大学出版社的编辑陈曦在出版工作上给予团队的支持与帮助。

最后，感谢艺术让我们欣赏到生命的多样性，并学会用艺术去理解和创造这个世界。

周巧、李丹、谭雪莲、洪显利

2020 年 12 月

目 录

第一章

概　述

第一节　核心概念

一、特殊儿童

特殊儿童是本书的教育主体和对象，如何正确理解特殊儿童，将直接影响我们如何设计和指导针对他们的教学活动。因此，本书开篇将对特殊儿童的内涵和特点做阐释。

（一）特殊儿童的理解

特殊是相对于正常、普通而言的，特殊儿童与普通儿童在身心发展的某些方面有较大差异，处于正常范围之外。特殊儿童有狭义和广义两种理解。狭义的特殊儿童又称身心障碍儿童或残疾儿童，指身心发展上有缺陷的儿童。如智力障碍儿童、听力障碍儿童、视力障碍儿童、肢体障碍儿童、言语障碍儿童、精神障碍和多重障碍儿童等。广义的特殊儿童是指在生理和心理发展的某一个或多个方面与普通儿童有明显的差异，有特别的学习或适应困难，只有接受特殊教育才能充分发展的儿童，包括身心障碍儿童、超常儿童和有行为问题儿童在内的一切有特殊教育需要的儿童。在发展过程中，每一名儿童都有可能出现发展性的特殊需要。

本书虽然是从广义的特殊儿童教育需要的角度来阐述，但我们仍然会将关注的重点放在感官障碍儿童、语言 / 言语障碍儿童、情绪行为障碍儿童、智力发育迟缓儿童、学习障碍儿童和自闭症儿童等这几类更为典型的特殊儿童的教学指导上。特殊是指这部分儿童在生理上或者心理上有某种缺陷，阻碍着他们的发展。

但我们也要了解，他们并非丧失所有能力，只是丧失一部分功能。通过教育，我们可以帮助他们弥补缺陷，或者使他们损伤的功能得到部分的恢复，或者通过培养其他功能来弥补某种器官功能的不足。

而且，伴随当代特殊教育的发展，教育理念也在不断更新，从"关心"到"权益"，从"隔离"到"融合"，从"障碍补偿"到"潜能开发"，从"早期干预""个别化教育"到终身教育及计算机网络教学的推广等。在这些新的理念影响下，我们不再过分局限于单纯的对生理缺陷的补偿，而是在一定补偿的基础上，积极地努力发展有特殊需要儿童的潜能。

因此，本书旨在帮助特殊儿童排除发展的障碍，使其得到与普通人一样的发展。这一目的与普通儿童的教育目的是一样的，都是要促进儿童身心健康的发展，强调培养儿童积极乐观的人生态度和做人的责任，使其为促进人类社会的进步最大限度地发挥自身的潜能。

（二）特殊儿童发展的特点

特殊儿童在发展进程中遵循普通儿童发展的一般规律，即存在共同性；但特殊儿童在发展的不同层面表现出各自不同的特征，也具有自身的特殊性。

1. 特殊儿童发展与普通儿童的共性

特殊儿童首先是儿童，具有儿童的共性。特殊儿童无论在生理上还是在心理上，都和普通儿童存在很大相似性，都遵循儿童生理心理发展的基本规律，表现在：

第一，遗传为特殊儿童的心理发展提供了可能性，而环境和教育则规定其心理发展的现实性。第二，教育在特殊儿童的心理发展上起主导作用。第三，环境和教育的作用虽然巨大，但这只是儿童心理发展的外因，外因必须通过内因才起作用。第四，特殊儿童的心理发展基本上也是遵照由低到高、由简单到复杂的顺序发展的。

2. 特殊儿童与普通儿童的差异性

特殊儿童是有特殊需要的儿童，具有特殊性。例如：有些特殊儿童可能表现为智力发育迟缓，有的表现为智力发展优异，有些有视觉或听觉障碍，有些有情绪行为障碍，有些有语言或肢体的缺陷，这些特征严重影响了特殊儿童的学习或适应。同时，为了获得最大限度的发展，特殊儿童需要特别设计的课程、教材、教法、组织形式或设备。特殊儿童与普通儿童之间的差异客观存在，表现在这样几个方面：

第一，大部分特殊儿童有生理和心理的缺陷，妨碍了他们以正常的方式或速度学习和发展。第二，特殊儿童的个体间差异和个体内的差异都明显大于普通儿童。第三，特殊儿童难以适应普通学校中的常规教学内容、教学手段或教学组织形式，需要接受特殊教育。

对教育来说，了解儿童的差异具有非常重要的意义，这是因材施教的理论基础。只有根据特殊儿童独特的教育需要，设计出适宜的教学内容与形式，采取个别化的教学方式，才能促进特殊儿童身心最大限度的发展，减少与正常发展水平的差距。

二、表达性艺术治疗

表达性艺术治疗是一种具有创造性的咨询与治疗技术，它表现和反映个体的情感体验和对自己的认识理解，对特殊儿童的发展和教育康复具有非常重要的意义。我们将对表达性艺术治疗的内涵、相关概念、具体领域和特点做进一步的梳理。这是指导特殊儿童老师和家长进行表达性艺术活动设计与实施的理论基础与技术支持。

（一）表达性艺术治疗的内涵

1. 艺术及其表达性

艺术是人类文明与文化的重要标志之一。艺术虽然是具象的和丰富的，但它包含着特定的思想观点，表达着一定的感情内涵。艺术向我们展示了人类文明与文化的发生和发展过程，艺术所提供的信息凝聚着先人对世界的认识和思考，使我们能够更加真实和具体地了解我们的过去，憧憬我们的未来。

艺术还是我们生活中不可缺少的重要因素，没有了艺术，我们的生活将黯然失色。在我们生活的方方面面，诸如饮食、器物、服装、居室、环境，乃至心灵、道德、智慧、思想等，都在追求着完美的境界，而在追求的过程中不可缺少的就是艺术。

"表达"是人类的基本需求。艺术的表达是人类与生俱来的能力，艺术表达能强化生命的意义，彰显人类生存的价值。

2. 表达性艺术治疗的发展

自远古以来，人们就相信心象具有神奇的力量，因此将表达心象的艺术运用于治疗中。史前时代，人类岩洞壁画的出现，让我们看到早期人类用象征意象的语言，记录他们的情感、行动及对生命的探讨，这可看作艺术治疗的缘起。现在，我们依然能在美洲原住民的捕梦网和中国传统手工艺剪纸窗花等习俗中，看到艺术治疗概念在其艺术观中的呈现。人类通过这些艺术的形式去发现自身与大自然的密切关系，去表达对周围事物和宇宙生命的看法，同时在艺术创作和表现的过程中获得心灵的寄托、肯定自我存在的价值，寻找生命的意义。

二十世纪三四十年代，在精神治疗运动的推动下，艺术因具有表达、符号象征和创作等元素，而被越来越多地应用到心理治疗当中，近代艺术治疗开始成长起来。早期艺术治疗的发展，存在两种截然不同的观点，分别是"艺术即治疗"与"艺术心理治疗"两种取向。"艺术即治疗"的取向认为，艺术本身就具有治疗的能量，它是一种自我发现、自我与外在世界沟通的方式，艺术创作的过程就是一个治疗的过程。"艺术心理治疗"的取向则认为，艺术作品是一个有用的诊断工具，辅助个案和治疗师之间言语上的沟通，进而解决问题、化解冲突、形成新的认知来促进个体的成长和正向的改变。

随后，经过近年的发展，艺术治疗已摆脱早期以心理分析的理论和技术为基础的情况，开始兼收并蓄、百花齐放。当代艺术治疗开始整合两种取向，不仅重视艺术治疗师、个案与艺术作品三者之间的治疗关系，也强调通过艺术创作的历程，去缓解当事人情感上的冲突，达到情绪净化的效果。通过艺术治疗师结构化的引导与讨论分享，有助于提升当事者对事物的洞察力、对自我的认识，使其人格获得统整，进而获得自我的成长。

山中康裕曾指出，"艺术"着重于对美的追求，而"表现"更突出"治疗"的目的，故"表达性艺术治疗"被正式提出。所谓表达性艺术治疗是心理治疗的形式之一，强调注重个体的差异及需求，统合艺术教育、特殊教育、艺术治疗、心理治疗或辅导等领域的专业知识理念，以表现性艺术，如音乐、舞蹈、戏剧、诗词和视觉艺术等为媒介来完成心理诊断及治疗的科学。个案的艺术表达创作，不只是自我表现的方式，其创作的作品同样被视为重要的诊断工具之一。

表达性艺术治疗的魅力，在于这是一种心象的思考。这种心象思考的历程，常常能启发人类的更多的想象及灵感，促进创造力及洞察力的产生，同时也可以减少防卫心理，让人在不知不觉、无预期的情境中，把内心的真实状况表达出来。

（二）相关概念辨析

艺术教育、艺术治疗和表达性艺术治疗等概念，看上去很容易混淆，但其实在理论架构、目的、对象和具体操作上，有着显著的差异。

艺术教育　艺术教育以教学原理架构课程，更强调艺术技能性的教育。其目的在于，让学生以个体或集体合作的方式参与各种艺术活动，尝试各种乐器、工具、媒材和制作过程，学习艺术欣赏和评述的方法，丰富听觉、视觉、触觉、动觉和审美经验，体验艺术活动的乐趣，获得对艺术学习的持久乐趣；同时也了解艺术语言的基本表达方式和方法，表达自己的情感和思想，美化环境与生活。艺术教育一般应用于主流的学校教学情境，学生们在课堂教学中学习与艺术有关的知识内容。

艺术治疗　狭义的艺术治疗是专指以绘画、雕塑等视觉艺术为主的，帮助人们获得较好身心调节的一种心理治疗技术。广义的艺术治疗指的是利用各种艺术形式，包括音乐、绘画、舞蹈、雕塑、戏剧和诗歌等，以帮助人们获得较好身心调节的一种治疗方法。无论广义还是狭义的艺术治疗，都以心理治疗理论为依据设计活动，更偏重心理的健康调适、生理机能的康复训练以及机体的潜能开发。其目的在于，在治疗、康复、社区或教育情境中，有意识地运用艺术形式和创作过程进行干预，以促进健康、交流和表达；改善身体、情绪、认知和社会功能；提高自我觉察力，促进人格转变。艺术治疗应用的场所不固定，有医院、特殊教育机构、学校、康复中心等。

艺术治疗与艺术教育的关系密切，因为二者共同以儿童艺术发展的理论作为了解儿童或发展教学与治疗计划的基础，都以艺术创作为主要的表达形式，强调在艺术活动中创造力的重要性。二者最大的区别在于，艺术教育以学习为评鉴的标准和目标，以教学原理来架构其教学活动，而艺术治疗则将身心健康作为治疗的依据和目的，以心理治疗来架构其治疗活动。艺术教育重视艺术活动的成品，但艺术治疗则更在意创造的历程。

表达性艺术治疗　表达性艺术治疗是广义艺术治疗概念的延伸，也是未来发展的必然趋势。其理论依据横跨艺术、心理、教育、社会、哲学和医学等学科，反映了综合性艺术治疗的观点。该观点强调对象与艺术的整体性，根据不同情境和治疗师的综合素质，鼓励治疗师在临床实践中借助任何艺术形式给对象提供帮助，倡导多种艺术形式的融合而非某种单一艺术治疗形式的使用。表达性艺术治疗的目的在于通过绘画、音乐、舞蹈、戏剧等艺术媒介，以一种非口语的沟通技巧介入，释放被言语所压抑的情感经验，处理当事人情绪上的困扰，帮助当事人对自己有更深刻的认识，并建立对不同刺激的正确反映，重新接纳和整合外界刺激，达到心理治疗的目的。

（三）表达性艺术治疗的领域

表达性艺术治疗大致可包含如下的几大领域。

1. 音乐治疗领域

世界音乐治疗联盟将音乐治疗界定为具有资格的音乐治疗师使用音乐和音乐元素等，通过一个有计划的过程推动和促进交流、联系、学习、迁移、表达、组织及其他相关的治疗目标，从而满足来访者或团体在躯体、情绪、心理、社会和认知方面的需要。音乐治疗的目的是发展潜能和恢复功能，从而使个体达到更好的自我整合与人际关系整合，并经由预防、康复、治疗获得更好的生活质量。音乐治疗过程中，对音乐媒介的选择，会使用到音、节奏、旋律与和声等元素。音乐治疗的基本方法有接受式音乐治疗、再创造式音乐治疗与即兴演奏式音乐治疗等。

2. 美术治疗的领域

美国艺术治疗协会指出美术治疗是通过运用绘画介质或材料、艺术创作的意象、创造性的艺术活动和患者对作品的反馈，来呈现个体的发展、能力、人格、兴趣、关注和冲突的一项服务性职业。通过艺术品的创作及对艺术品和整个创作过程的反思，人们可以提高对自我的觉察力和对别人的觉察力，克服症状、压力与创伤体验；提高认知能力；享受制造艺术品给生活带来的快乐体验。美术治疗过程中使用到的元素较多，包括色彩、明暗、线条、形状 / 形式、肌理、空间和结构等。美术治疗的基本方法有涂鸦技术、绘画技术、拼贴技术、拓印技术、立体造型技术和综合表现技术等。

3. 舞动治疗领域

美国舞蹈治疗协会把舞动治疗（也称舞蹈 - 运动治疗）定义为通过治疗性运用肢体动作和舞蹈，使个体创造性地参与治疗过程，表达自我与探索内在，以促进个体情绪、认知、身体和社会性的整合的心理疗法。开展舞动治疗可以促进心智发展、学习生活技巧、通过肢体活动协助儿童协调肢体、培养社交技巧、适度表达情绪、控制冲动、觉察与维持身体界线、专注与致力完成任务，以及培养问题解决与创意的能力。舞动治疗会使用肢体动作、即兴舞动、创作性舞动与节奏性律动等具体技术。

4. 戏剧治疗领域

英国戏剧治疗协会把戏剧治疗定义为利用演剧及剧场的技巧，协助个人处理内在心理与外在环境的冲突，了解并减缓社会及心理问题，以促进个人或团体以口语和身体沟通的创造性架构来接触自己本身并做象征性表达的技术。戏剧治疗主要利用角色扮演、戏剧游戏、玩偶、面具和即兴表演技巧等相关的戏剧元素和设计活动的参与，让个体在可以安全宣泄情绪的环境下，提升自我情绪管理、社交技巧和创造力。

5. 游戏治疗领域

游戏治疗国际协会把游戏治疗定义为系统性地使用理论模式以建立一种人际历程，让受过训练的游戏治疗师使用游戏的治愈性力量，来协助案主预防或解决心理社会的困扰，以及达成正向的成长与发展。游戏治疗强调以游戏作为沟通媒介，从某种意义上说，运用游戏作为沟通媒介的心理治疗都可称为游戏治疗。

（四）表达性艺术治疗的特点

参与表达性艺术治疗的活动，可以寻找自我，与真实自我联结，并经验自我；可以提升对自我内在的觉察、探索自身内在能量和喜乐的源头；可以提升自我情绪与压力管理技巧。与传统的以言语为主要媒介的治疗方法相比，表达性艺术治疗具有其独特、鲜明的特点：

①艺术作品不受时空限制，而且是真实存在的。

②艺术表达较能突破口语表达的限制。

③可以降低当事人的防卫机制。

④艺术治疗过程是一个建构、复演的过程。

⑤艺术治疗比一般传统心理治疗的对象更为广泛。

⑥在艺术治疗团体中，成员借着分享讨论作品的过程，易接纳已开放的经验，流露真情感。

三、特殊儿童与表达性艺术活动

表达性艺术治疗具有重要的理论和应用价值，已经运用在特殊儿童相关的各个领域，为特殊儿童的教育康复提供了丰富多样的媒介与渠道，成为教育与康复的重要手段之一。但大多数特殊儿童的老师和家长们缺少系统和专业学习艺术治疗的机会，也不具备从事专业艺术治疗的资质。在教育的背景下，如何发挥表达性艺术治疗对特殊儿童的理论和实践指导意义？我们需要实现从"表达性艺术治疗"向"表达性艺术活动"的转化。

（一）儿童与艺术

儿童天生与艺术有着不解之缘。尚未出生的胎儿一听到音乐便会在妈妈肚子里有所反应，或表现好动，或变得宁静；婴儿看到鲜艳的色彩，就会睁大双眼凝神注视；婴儿稍能控制身体就喜欢随着音乐手舞足蹈；儿童刚能握住画笔，就急不可待地四处留下自己的"杰作"……儿童的这些"本能"表现，反映了人类固有的对艺术的追求。

艺术与儿童的缘分来自艺术与儿童之间的三个共同的特征。一是形象性。形象性是艺术的基本特征，也是儿童认识活动的基本特征。任何艺术都是用形象来"说话"的，用形象很容易引发儿童对艺术的感悟。二是情感性。艺术活动是一种极富情感色彩的审美活动，无论是艺术创造、艺术表演还是艺术欣赏，都离不开"情"和"美"。儿童最容易受艺术的感染而去创造自己的作品。情感的联结使儿童与艺术之间达成了一种默契。三是愉悦性。艺术活动是一种创造性活动，就其功能而言，也是人类的一种高级娱乐活动。艺术活动最能尽情发挥儿童的创造性，自由抒发他们内心的情感，从而使他们获得精神上的满足，体验成功后的欢乐。艺术利用它与文化的密切关系，向儿童阐释艺术中蕴含的各种文化信息，有助于儿童深入了解艺术的文化意味和人类文明与文化的由来和发展，提高儿童的文化知识和修养。

当我们把艺术作为一个教育儿童的重要途径来运用的时候，艺术教育活动将帮助儿童拓展艺术想象空间，丰富艺术创作素材，激发艺术创作灵感，学会用艺术的眼光观察生活，用艺术的形式表现生活。通过艺术教育活动，儿童还能够更好地体验人类丰富的情感和思想，完善儿童的精神世界，陶冶情操、净化心灵，培养积极的人生态度，改变人的内心世界，培养创造力和实践能力。

因此，我们对艺术与儿童的关系达成了共识，艺术充实着儿童的生活，儿童创造着自己的艺术。对无口语表达能力或能力不足的特殊儿童而言，艺术还是一种有效的交流表达工具，让我们可以进入他们的内心世界。

（二）特殊儿童与表达性艺术活动

1. 表达性艺术活动的含义

表达性艺术治疗是一种跨学科专业领域的技术，包含心理分析、咨商辅导、艺术创作等诸多领域的内容，而当其理论与技术被运用在儿童或青少年时，自然又与教育的关系密不可分。艺术治疗创始人玛格丽特·纳姆伯格建立了一套以艺术为表现形式的治疗模式，并在学校教育情境中以艺术创作为基础开展教育，奠定了艺术治疗在教育中的根基。儿童绘画发展理论教育学家罗恩菲尔德也曾在特殊儿童的研究中，用"艺术教育治疗"一词正式明确了艺术治疗在教育中的应用。

不论是艺术教育、单一形式的艺术治疗，还是综合取向的表达性艺术治疗，都包含着艺术活动这一重要的实施形式。让特殊儿童通过参与各种带有指导性的表达性艺术活动，表达自己的内心感受，并达到改善个体心理冲突、完善其心理和社会功能的目标，这是传统"艺术治疗"价值的最大体现。因此，我们将"表达性艺术活动"的概念应用于特殊儿童的教育康复中，指导特殊儿童老师与家长的实践操作。

以治疗为取向的"表达性艺术活动"较之"表达性艺术治疗"更通俗、更具操作性。这样的用意很简单，是为了强调它在实际中的操作。我们力求通过使用通俗易懂的语言和一些实践论证过的案例来表达深奥的理论知识，介绍最新的专业研究成果。当我们把有意识的治疗当作一种教育活动的时候，这里的治疗也就没有那么难理解了。包括普通的老师、家长在内的所有读者们都能够从中有所获益。于是，在教育的背景下，我们实现了从"表达性艺术治疗"向"表达性艺术活动"的转化。

我们鼓励特殊儿童参与表达性艺术活动，这在特殊儿童的教育康复中具有重要的意义。参与表达性艺术活动能增加特殊儿童独立思考的能力，经由创作还可以协助特殊儿童释放情感，增加其正向调适压力的能力，还可以开阔特殊儿童的眼界，让他们无所畏惧地探索世界，积累经验，进而学习与改变。教师或家长作为引导者，同时具有艺术家、艺术教师和艺术治疗师三种身份，在表达性艺术活动中展现对特殊儿童行为表现及心理需求的评估与敏锐反映，对其心理动力的掌握及创作的同理，且于讨论分享时，能组织并提供较明确结构化的讨论方向，以协助特殊儿童通过艺术媒材来抒发其思想和释放其情感，达成"艺术即治疗"的目的。

2.特殊儿童表达性艺术活动的特点

在特殊儿童教育康复过程中，表达性艺术活动的设计与实施以表达性艺术治疗的理论作为基础，以其技术作为支持。因此，表达性艺术活动也具有与表达性艺术治疗相似的显著特点：

① 表达性艺术活动同样也具有非语言性和象征性，使儿童能够在充满安全感的环境中接受教育康复，有利于教师和家长收集真实的信息。

② 表达性艺术活动中媒介的多样性，给儿童提供了独有的表达自我的平台，不同的艺术活动具有不同的作用机制，不同的作用机制会对儿童生理、心理产生独特的作用。

③ 表达性艺术活动的灵活性与多样性，打破了特殊儿童的障碍类型、年龄、认知范围与艺术技能的限制，且不受环境的束缚，易于实施特殊儿童的教育康复。

④ 表达性艺术活动借助丰富的艺术媒材开展活动，同一种艺术材料可以设计、延伸出不同的活动主题，并引导特殊儿童以舒适、安全的途径进行教育康复，或释放心中积攒的破坏性力量，成本较低。

在表达性艺术活动的设计与实施中，还应考虑特殊需求儿童的特殊性与障碍存在的客观性。对于特殊儿童参与表达性艺术活动，大部分实践的老师都有如下共识：

① 限制其艺术媒材的种类。

② 在艺术创作的过程中，尽量避免高难度的技巧。

③ 提供反复练习同一媒材或艺术经验的机会。

④ 将过程分解成几个小步骤，然后按部就班地去实行。

⑤ 在学生的技巧日趋成熟后，提供成功的机会，以获得有效的艺术经验。

第二节　整体结构的思路与说明

一、设计理念

为了发挥艺术所固有的治疗价值——帮助特殊需求儿童从艺术创作中发现自身的价值所在，从而使自我感觉更加良好，培养他们对社会、对生活、对学习、对他人、对自身更加积极的态度。本书采取综合性艺术治疗的观点，选择了音乐、美术、戏剧与游戏四大领域的表达性艺术活动，提供了大量的理论知识与实践案例，期望能为更多特殊儿童的老师和家长提供理论的支持与实践的资源，并能最终惠及这些特殊儿童。本书的设计理念出发基于以下几点。

（一）全人发展观

全人发展观强调教育应当塑造完整的人，包括人的多方面和谐发展。全人教育被进一步理解为是塑造全面发展的儿童，强调儿童本身的身体、情绪、社会性、认知能力、创造能力的发展，同时又认为儿童自身的发展与社会分不开，教育培养的是能在社会生活中认知、创造、保持情绪健康和身体健康的儿童。普通儿童如此，特殊儿童更应如此。确立全人发展观，不为障碍所累，突破缺陷和障碍的羁绊，让身心障碍的特殊儿童也获得全人的发展，是当今特殊教育发展的主要趋势。

特殊儿童存在身心障碍是不争的事实，但任何一个特殊儿童绝不甘心为障碍所困也是事实。这意味着我们既要看到障碍，也要重视发展特殊儿童的潜能，将对缺陷的注意转移到对潜能的注意上去。而艺术为我们打开了一扇窗，让我们可以借由艺术的方式去充分挖掘个体的优势与潜能。让特殊儿童在参与艺术活动的过程中感受自我存在的价值与成就。

（二）多元智能的观点

美国心理学家加德纳指出，人的智能发展有多种形式，每一种形式都很重要，只是用途不同而已，他提出了"多元智能"理论（表1-1）。个体发展出多元化的能力包括一些艺术的能力，如音乐、绘画、舞蹈等。这一超越逻辑、数理或语言能力的更广阔的智力概念，有助于我们将注意力放在个体的优势或潜能上。

表1-1 多元智能的各个方面

智能名称	智能定义
语言能力	对词汇的意义、功能和语法规则的敏感性，比如写文章的能力。
音乐能力	在聆听和处理音调、节奏、音乐模式、音高和音色等方面的敏感性与创造性，比如谱曲的能力。
逻辑/数理能力	解决问题和理解抽象关系的能力，比如计算或工程设计的能力。
空间能力	在知觉、处理和创造不同形态和场景方面的敏感性，比如绘画能力。
身体或运动能力	运用身体和大脑相关区域以一种特殊的、高协调性的方式运动的能力，比如跳舞和体育运动能力。
内省能力	识别、确定和追求内在情感和思想的能力，比如写诗和自省的能力。
人际能力	对他人情绪、情感和行为的感知能力，比如参与数学、养育和政治活动的能力。

该理论对特殊儿童教育康复的意义在于，它提出尊重特殊儿童的个体差异，以个性化的教育理念，创设多元化的教学活动情境来发展特殊教育对象的优势能力。特殊儿童异质性高，通过参与创造性、多元化的艺术活动，能充分满足不同的发展目标。

（三）人本主义的取向

人本主义强调个体的自我指导能力、先天的成长冲动以及自我完善的倾向。教师和家长应为特殊儿童创设一个真诚、信任、理解的氛围，发自内心、无条件、设身处地地去了解特殊儿童的内心世界、感情和想法等，帮助其最大限度地发展自己的潜能，促进其对自我的认识和接纳，最终达到自我整合。

人本主义观还主张一种全方位的团体艺术治疗模式。在一种被接纳的环境中，将舞蹈、绘画、写作、音乐等表达性艺术整合，不同艺术形式之间相互影响和促进。通过潜意识层面的导入，让个体表现出未知的一面，从而解决其内部心理冲突，疏导和发泄这些能量，可以给教育康复训练带来更好的疗效。

（四）发展性取向

发展性取向是依据儿童心理发展的规律，对心理发育迟滞或由身体障碍所导致的发展落后儿童进行艺术领域的干预训练，以促进儿童认知、情绪机能的发展。这样的取向其实就是艺术教育治疗的观点，艺术教育治疗不是让教育者对个体实施超过教育背景的医学诊断和心理分析，而是让教育者从个体出现的障碍本身出发，在其已有能力的基础上找到解决问题的方法。

发展性取向主张依据常态儿童的阶段特征，对特殊儿童个体进行能力评估，通过提高代表心理机能成长和发展的艺术表达，实现促进特殊儿童个体心智成长的教育目的。既关注生命中的遗传可能和成长经验，又重视行为关联性的发展，为我们整体认识特殊儿童的认知、智力、心理的发生和结构提供参照，具有一定的指导性。

二、特殊儿童发展主题的确定

儿童成长发展中有一些有规律的、相互关联的特点与要求，形成了系统且结构完整的内容与组织，能反映儿童群体的普遍性成长面貌，具有广泛的适用意义，并建立了儿童里程碑行为发展点（张文京，2010），可作为儿童发展性课程与活动开发的基础。特殊儿童的成长发展也遵循着普通儿童身心发展的普遍规律。结合特殊儿童身心发展的特殊性，在涉及里程碑行为发展点等主要内容时，要综合考虑对特殊儿童现状水平的了解、潜能的调动以及障碍的超越。

本书在设计开发各类表达性艺术活动时，将参考儿童身心发展的里程碑行为活动选择与设计的依据，分析特殊儿童在各项发展领域能力上的发展状况。本书所列举的所有表达性艺术活动，大致都按儿童发展的七大领域进行安排。七大发展领域包括感官知觉、粗大动作、精细动作、生活自理、沟通、认知、社会技能，具体内涵如下。

（一）感官知觉

本书中提到的感官知觉即感知觉，人所有的认知能力都是以感知觉为基础的。感觉是人脑对直接作用于感觉器官的刺激物的个别属性的反映。它包括了视觉、听觉、味觉、嗅觉、肤觉（触觉、痛觉、温觉等）、动觉、平衡觉等。知觉是人脑对直接作用于感觉器官的事物整体属性的反映。知觉以感觉为基础产生，是对人所感觉到的刺激进行识别、组织和解释的过程，受经验的影响。

儿童的认知过程中，感知觉占据重要地位。儿童各种感觉特别敏感，成长迅速，处在各种感觉的敏感发展期。2岁前儿童依靠感知觉认识世界，在3~6岁儿童的心理活动中感知觉仍占优势。感知能力训练的目的是扩大感知面，给予丰富的刺激环境并通过训练儿童的注意、比较、观察和判断能力，使儿童的感受性更加敏捷、准确和精炼。

（二）粗大动作

运动的发展是人类各种活动发展的基础，从出生那一刻起，人便有了某些本能的动作，称作非条件反射。最初的动作是不随意的，以后逐步发展成为有目的的随意动作，从而使人获得了参与社会生活实践的可能。

粗大动作是一些整体性的大肌肉的粗动作，四肢及躯干的承力、一个姿势的保持、位置的转换、平衡及动作协调等因素，都包括在粗大动作里，如头部控制、翻身、爬行、坐、站立、行走、跑、上下楼梯、跳等。粗大动作的发展历程是，个体先具备头部和躯干部分的基本自主控制能力，随后爬、走等自主位移动作发展趋于完善，最后发展跑、跳及其他技巧性粗大动作技能。

粗大动作的发展和儿童身体、大脑、神经系统的发展密切相关。动作发展在某种程度上标志着心理发展的水平，动作发展同时也促进儿童心理的发展。

（三）精细动作

儿童基本的粗大动作可以自动控制后，就会进而发展到出现小肌肉的精细动作。精细动作是儿童完成基本发展任务（如画画和写字）的重要基础，也是评价儿童发展状况的重要指标。

精细动作是个体主要凭借手以及手指等部位的小肌肉或小肌肉群的发力，在感知觉、注意等多方面心理活动的配合下完成特定任务的能力，它对个体适应生存及实现自身发展具有重要意义。个体精细动作的发展从最初的简单抓握开始，然后发展起翻揭、搓揉、撕扯、夹取、旋开、提取、捻压、折叠等写字、绘画和生活自理动作的技巧。

精细动作发展与儿童感知觉、思维活动的发展有密切关系。通过精细动作的教育训练，可以促进儿童的智力发展和适应能力的提高。

（四）认知

认知是对客观事物的特征规律即事物间联系的反映，主要指以人的思维为核心的认识活动，是构成人的智力和适应力的重要因素。儿童的认知能力发展一方面与人的遗传素质、个体发育有密切关系，另一方面与社会文化环境和现实生活条件有密切关系。儿童在与环境的互动交往中，先天与后天条件相结合，使儿童的认知能力不断变化，迈向成熟。

认知训练目的在于早期给予教育，培养儿童良好的学习习惯，形成学习能力，改善他们的智力和社会适应能力。

（五）沟通

沟通指人与人、事、物的接触，是对人、事、物的反映、理解、接受和表达。人通过符号行为（如语言、文字、图形和手语等）与非符号行为（如表情、动作和姿势等）进行交际与交流。其中，最重要的符号使用就是语言。语言是人类智慧高度发展的标志，是社会生活的重要工具，包括语言的接收理解和语言的表达。

语言的接收与理解指对语言符号的接收和理解，建立在听到和听懂的基础上。它是儿童学习语言表达的前提和基础。语言表达，指用口头语言或书面语言的形式进行表达，把自己的认识、思想、情感与需要、意愿表达出来，进而与人进行交流，参与社会生活。语言表达又包括口头语言表达和书面语言表达。

语言沟通的教育训练包括听的基本能力、说的基本能力、理解能力、表达能力、读前准备与读的能力、写前准备和写的能力等。

（六）生活自理

生活自理能力是指在日常生活活动中完成各种动作和技巧所达到的程度，是一个人适应社会的最基本的能力，它是一切适应的基础，是儿童适应生活所必须具备的能力。

日常生活自理是指人们为独立生活而必须反复进行的、最基本的、具有共同性的身体动作群，即衣、食、住、行和个人卫生等方面的基本动作和技巧。如哺喂、进食、洗漱、穿着、排便和睡眠等。生活自理能力是自我服务的能力，是照料自己生活、学习的必需能力。

生活自理训练旨在通过各种方式，强化训练培养儿童生活自理能力，最佳场所是真实场景中的人、事、物。

（七）社会技能

社会技能是儿童在社会化过程中培养起来的，可以增进独立自主的社会适应能力。儿童的社会技能从母亲和家里人的交往开始，逐步从家庭扩展到邻里，然后进入社区（学校、街道和各种社区服务和公共活动场所）。

儿童社会技能的培养过程是从学会适应现有的生活，学会与人相处，逐步过渡到参与越来越多的社会活动，直到适应社会。

本书借鉴了《双溪心智障碍儿童个别化教育课程》的架构，该课程的目标、内容和结构为特教领域的许多学校、机构和老师所熟知。该课程在上述的特殊儿童七大发展领域下，总结了各自涵盖的具体发展指标（见表1-2）。这些发展指标，也称具体技能，是特殊儿童身心发展的关键，呈现出特殊儿童在每个年龄层发展上的最佳表现，为老师和家长设计和实施教育康复训练提供了一个观察的架构和指标。本书将以此作为依据来确定接下来各个艺术领域中活动设计的教学目标与主题，也评量活动成效。

表1-2　特殊儿童发展七大领域与发展指标

领　域	分　项	目　标
感官知觉	视觉的运用	视觉敏锐、视觉追视、视觉辨别、眼手协调、形象背景的区分、视觉记忆、空间关系、视动统整
	听觉的运用	听觉敏锐、听觉辨别、听觉记忆、听觉顺序
	触觉的运用	触觉敏锐、触觉辨别、触觉记忆
	前庭觉的运用	抗地心引力、侦测重心转移、双侧协调
	本体觉的运用	本体觉敏锐度、身体意识、动作运用与计划

续表

领　域	分　项	目　标
粗大动作	姿势控制	头部控制、坐姿控制、站姿控制、跪姿控制、蹲姿控制
	移动力	翻滚、四肢爬行、跪行、臀行、走、上下楼、跑、跳
	运动与游戏技能	球类运动、垫上运动、游乐器材、绳类游戏、轮胎游戏、投掷游戏、循环体能、大道具游戏、体操、溜滑运动、水中运动
精细动作	抓放能力	拇食指捡取、释放物品、腕部旋转、双手协调
	作业能力	堆叠能力、嵌塞能力、顺序工作能力、顺序套物能力
	工具的使用	开关容器、使用文具、仿画线条、黏土造型、折纸、使用剪刀
生活自理	饮食	咀嚼和吞咽、拿食物吃、喝饮料、用餐具取食、做饭前准备及饭后收拾、适当的用餐习惯
	穿着	穿脱鞋子、穿脱裤子、穿脱衣服、穿戴衣饰配件、使用雨具、依天气场合适当穿着
	如厕	上厕所小便、上厕所大便
	身体清洁	洗手、洗脸、刷牙、梳头、洗澡、洗头发、擤鼻涕、使用卫生巾、刮胡子、剪指甲、保持身体清洁
沟通	内在语言	注意力、学习动机、静坐等待、模仿能力、遵从指示、适应能力
	听的能力	听的基本能力、听前准备、对名词作出适当反应、对动词作出适当反应、对短句作出适当反应、对有形容词/副词的短句作出适当反应、对否定句作出适当反应、对疑问句作出适当反应、对两个以上句子作出适当反应
	说的能力	说的基本能力、说前准备、说出常用名词、说出常用动词、说出简单的短句、说出有形容词/副词的短句、说出简单否定句、说出简单疑问句、说出两个以上句子、表达技巧
	读的能力	阅读的基本能力、读前准备、认读环境中常见视觉字、认读常用名词/代名词、认读常用动词、认读简单短句、认读简单否定句、认读简单疑问句、认读两个以上之句子、认读其他重要文字或符号、有正确的阅读技巧
	写的能力	书写的基本能力、写前准备、仿画汉字部首、仿画简单汉字、默写常用名词/代名词、默写常用动词、默写简单句子、默写简单否定句、默写简单疑问句、默写两个以上的句子、默写其他重要文字或符号、有正确的书写技巧
	用语言沟通	依别人的动作/手势行事、以动作/手势表达需求、依别人手语行事、以打手语表达需求、依图/照片的指示行事、能以图/照片表达需求、依序号行事、以出示符号表达需求、依文字的指示行事、以文字表达需求、以其他方式与人沟通
认知	物体恒存性	物体恒存性
	记忆力	帮助事件的记忆能力、物品排序的记忆能力、地点位置的记忆能力、物品所属的记忆能力
	配对和分类	相同物品配对和分类、立体形状配对分类、依大小配对和分类、依颜色配对和分类、依材料配对和分类、配对和分类不同两条件物品、图片配对和分类、比较 x 项和 y 项、依功能分类
	程序	顺序排列物品、依序完成活动

领　域	分　项	目　标
认知	解决问题	设法取得物品、计划思考、应用所学、自我修正错误、了解因果关系
社会技能	数的应用	数的概念、数数、认识数字、运算、测量、金钱概念、时间概念
	人际关系	打招呼、团体活动、介绍、尊重别人、约会、求助与助人
	家事技能	清扫、清洁器具、清洁衣物、整理物品、烹饪、缝纫
	社区技能	认识社区、使用交通设施、使用商店、使用公共单位、参与社区活动
	体格活动	音乐、阅读、绘画、手工艺、运动、游泳、桌上游戏、影视、写作
	身心健康	生理健康、心理健康
	安全	交通安全、电器安全、用火安全、药剂安全、食物安全、提防陌生人、灾害安全
	职业技能	工作意识、工作态度、工作品质、处理报酬

三、特殊儿童艺术活动设计的目标

就目标而言，以治疗为取向的表达性艺术活动，强调儿童本位，在活动目标的制订上，会根据特殊儿童的个别需要做适度的修正。总体来说，表达性艺术活动的目标设计包括个体发展性目标、表达艺术性目标与活动参与性目标三个方面。

个体发展性目标　本书最鲜明的特点就是紧密围绕着特殊儿童发展的七大领域，来确定不同领域艺术活动的具体目标。特殊儿童通过参与不同类型表达性艺术活动，达成提升个体发展的感知、认知、沟通、适应等目标。不同领域下表达性艺术活动的发展性目标，可以在第二章到第五章中看到详细的说明。需补充说明的是，尽管本书规划的是对七个发展领域的目标都进行音乐、美术、戏剧和游戏四个艺术形式的活动设计，但我们也综合考虑了不同艺术领域的差异性，结合每个艺术领域的特色，在尽量保持一致的情况下，有区别地设计活动。例如：四个艺术领域的活动，都设计了感官知觉、粗大动作、精细动作、认知能力、沟通能力与社会技能六个发展目标上的活动，但考虑到生活自理主题在美术和戏剧领域的操作有难度，目前这两个领域没有提及。另外，由于绘画等活动与个体的情绪感知与表达有着非常紧密的联系，故美术领域考虑了情绪这一发展目标，设计了和情绪发展有关的主题活动。游戏是更综合的形式，可以整合之前所有不同的艺术活动，因此游戏领域考虑了生活中的迁移，设计了日常生活中的游戏活动。

美术和游戏这两个领域的特殊活动设计有别于另两个领域。

表达艺术性目标   我们可以将个体的个别化目标与具体的艺术领域结合，如美术、音乐、戏剧等，最终达成具体艺术领域的目标。这些目标和具体的艺术领域有关，如美术表现的创造力、音乐参与的节奏感等。表达性艺术活动的艺术性目标，需要结合具体的活动案例来分析，这些同样可以在第二章到第五章中看到详细的说明。

活动参与性目标   这是过程性目标，在参与表达性艺术活动的过程中与活动教学目标相结合，如活动参与度、指令的服从遵守、是否需要辅助支持等。对活动参与性目标的考虑是本书的另一个特点。第二章到第五章所提供的不同领域下的表达性艺术活动范例中，编者都提供了活动过程的评量表。老师和家长都可以参考和使用这些简单的评量表，了解和判断特殊儿童在实际艺术活动参与中的各种表现，以指导活动的具体实施。

四、特殊儿童艺术活动设计的架构

本书在进行组织编写的过程中，一直坚持围绕着全人发展观、多元智能发展观、人本主义取向和发展性取向的设计理念，将表达性艺术活动的多元化、个性化、创造性和社会性，具操作性地展现出来。在特殊儿童表达性艺术活动设计与指导的架构上，具有如下几个特点。

（一）科学系统的理论指导

本书围绕"特殊儿童表达性艺术活动"的设计与实施这一主题，引入了表达性艺术治疗的原理与技术，以科学系统的特殊教育理论、心理治疗理论、艺术教育理论、教育康复的理论为依据来指导实践。不管是在概述部分，还是在后面的具体艺术领域，编者都强调理论指导的科学性。

（二）紧密衔接的活动方案

一个综合性的艺术治疗观点，反映了特殊教育发展的最新趋势。

四个最具有代表性的领域，能够让教师和家长高效率地了解并掌握这些领域的基本理论和实践方法。

每个领域都配有示范性的活动方案，给教师和家长展示实用的技术，操作便捷、效果明显，使他们能掌握、迁移和创造性地使用这些个性化的方法。

每个方案后，都提供配套的活动评量表，让教师和家长在学习实践过程中，及时了解活动方案的效能，监控评估自己的实际操作。

（三）互动趣味的活动形式

特殊儿童也是儿童，只是有障碍而已。教育教学中，儿童有其身心发展的特点，设计与实施有互动趣味的活动，更能激发特殊儿童参与的动力与热情。特殊儿童也通过参与这些生动有趣的活动，激发出自身的潜能，达到更好的教育目的。

（四）理论实践的紧密结合

本书强调理论与实践的紧密结合，采取"理论讲解 + 活动方案 + 重难点分析 + 实践锻炼"的模式，让教师和家长在阅读完本书后，能更好掌握和使用我们推荐的这些方法。

第三节 特殊儿童表达性艺术活动设计流程

一、设计流程

特殊儿童个体差异大，障碍类别不一。特殊儿童表达性艺术活动设计应基于儿童的需求和能力，首先应对儿童进行全面评估，制订个别化目标；然后根据目标，设置活动课程，并进行教学活动设计，实施教学；最后在艺术活动教学结束时，对儿童进行评价，检核既定目标是否达成。

高天教授在《音乐治疗导论》中提出的音乐治疗基本流程为 APIE，A（assessment）是指评估，P（plan）是指计划，I（intervention）是指干预，E（evaluation）是指评量。参照音乐治疗的基本流程，结合特殊儿童的特殊需求，以及表达性艺术活动设计的实际要求，特殊儿童表达性艺术活动流程可参照以下流程进行。

1. 评估儿童生理现状和艺术活动现有能力

特殊儿童和普通儿童相比，生理现状和学习能力存在显著差异。特殊儿童个体间存在明显的个体差异，儿童个体内发展的各领域也不相同。因此，特殊儿童艺术活动设计需要首先评估儿童艺术能力发展的现状，搜集教学所需的资料，找到儿童学习的兴趣点以及需要解决的问题，作为儿童学习的起点和教师设计艺术活动的出发点。

2. 制订艺术教学长期和短期目标

根据评估得出学生的现有能力，制订符合学生能力的艺术活动教学目标，并以长期目标和短期目标的形式呈现。长期目标由若干个短期目标组成，每一个短期目标是当前需实现的具体目标。长期目标通过具体的短期目标实现，短期目标是达成长期目标所需要的小步骤。因此，短期目标和长期目标要相对应。

3. 制订艺术教学活动计划

根据学生长期和短期目标，以学期（半年）或学年（一年）为单位，为学生制订艺术教学计划，可以纳入学校和班级课程教学计划，也可以和学生的个别化教育计划相结合。

4. 进行艺术活动教学

根据制订的艺术教学计划，教师以教学周、月、学期或学年为单位进行艺术教学活动设计。艺术教学活动设计，不能只局限于预设的目标，还应结合学生的需要和教学时学生的临场反应。学生是艺术教学活动的主体，教师是主导者，两者是互动关系。

5. 对艺术活动教学和学习效果进行评量

在艺术教学活动结束后，应对教师教学效果和学生的学习效果进行评量。艺术教学活动的评量，可以测评学生艺术能力的提升，也可以测评学生认知、情绪、行为等预设干预目标是否达成，这些目标是否在下一个教学周期继续。评价不仅是总结性评价，也是为下一阶段的教学活动开展进行前测。

特殊儿童艺术活动设计流程模式如图 1-1 所示。

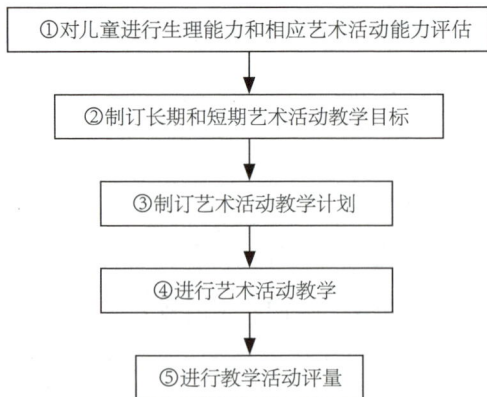

图 1-1　特殊儿童艺术活动设计流程模式

二、特殊儿童表达性艺术活动设计原则

教师在进行表达性艺术活动设计时，可遵循以下原则。

1. 表达性原则

艺术能让人有愉悦的情感体验，孩子们情绪不佳时，可以用艺术活动进行安抚。艺术活动的美感让人身心放松，孩子们在艺术活动课堂中总是欢声笑语。特殊儿童很喜欢艺术活动，在艺术活动课中，他们常常能获得成功，有成就感，较少出现情绪、行为问题。

特殊儿童有他们自己的创造力，有自己对于表达性艺术活动的感受、理解和表达。在乐器演奏和律动活动中，特殊儿童能表现出他们对活动的理解，并用自己的方式表达出来。教师应倾听特殊儿童用语言或非语言（如肢体、表情等）所表达出的情感和需求，并及时给予回应。

2. 综合性原则

艺术活动贯穿各种教育，相互渗透，融合语言、绘画、数学、常识等学科内容，并渗透德育目标，使特殊儿童各方面综合发展。儿童的发展是多元化的，艺术活动内容的设计也要考虑孩子多种能力的发展，如艺术活动可以包含认知、语言、动作等领域的发展。

艺术教学活动能充分调用特殊儿童多种感官参与，使其综合运用多种感官，丰富对事物的感知，促进多感官的协同与整合，实现对事物的整体认知及身心的和谐发展。特殊儿童的感官能力或多或少都有一定的缺陷，这一点有时候会限制其某个感官功能在活动中的运用，所以我们要尽可能统合地发展特殊儿童的感官活动能力，或者说利用艺术活动帮助特殊儿童发挥其他感官能力的作用来弥补缺陷能力。如设计水的主题活动，就可以通过利用水作画(视觉)、听水的声音(听觉)、玩水的感觉（触觉）、闻不同气味的水（嗅觉）、尝水（味觉）等游戏来协调发展所有感官的能力。此外，同一刺激物，使用不同的感官渠道给予刺激，有助于特殊儿童多种感官的协同，从不同角度感知事物，促进其感悟能力的提升。另外，多感官的游戏设计还可以有诊断鉴别作用，发现特殊儿童的优势感官能力和缺陷感官能力，这对艺术活动的设计和对特殊儿童的个体理解都有深层次的意义。

3. 功能性原则

艺术来源于生活，高于生活，但作为艺术活动的素材和教学内容，应贴近学

生的生活。贴近生活的音乐教学素材，有利于特殊儿童用音乐的方式愉快地学习生活中的必要技能，例如《洗脸歌》《刷牙歌》等有关日常生活的歌曲和律动。儿童学会这些和生活相关的歌曲，会更热爱艺术、热爱生活，并让音乐伴随人生，提高生活质量，提高社会对他们的悦纳程度。

艺术不仅与社会生活有着十分密切的关系，而且具有重要的社会功能。现代生活中，大量的音乐、美术、游戏活动现象与每个人的生活密切相关，如礼仪音乐（节日、庆典、队列、迎送、婚丧等）、实用音乐（广告、健身、舞蹈等）、背景音乐（休闲、餐饮、影视等）。应鼓励特殊儿童参与相关的音乐活动，如学校的表演、广场舞、社区音乐会、家庭音乐会等。在这些活动中，特殊儿童能与生活中联系紧密的人共同参与活动，并在这些活动中学习与人沟通、合作、听指令、模仿等社会交往相关技能，有利于特殊儿童今后融入社会。

儿童的发展需要艺术教育。教师和家长应为儿童创造一个良好的学习艺术的环境，在日常生活和学习中，在一切有可能的时间和环境中，不断地通过聆听、歌唱、参加音乐游戏、观看演出、参观艺术展览等多种形式，让儿童始终处于良好的艺术氛围中，耳濡目染，发展其潜能。

在艺术教学中，应根据孩子的能力分配目标，让孩子合作完成任务，这样每个孩子都能体验成功，从而建立自信心，达到艺术教学的真正目的。对于能力较差的孩子，可用顺口溜或朗朗上口的歌谣等艺术方式教授孩子生活自理方面的技能，让孩子学会自我照顾、适应社会等技能。

艺术活动可以和学科教学相结合，帮助孩子们学习学科知识；也可以在课堂中融入艺术元素，将语文、数学等学科教学内容用艺术形式表现出来，用孩子们喜欢的、容易理解的方式进行教学。

4. 主体性原则

儿童发展是靠他们自己与外界环境相互作用而建构起来的。比如，在戏剧活动中，儿童是活动的主体，多种活动形式和内容都以促进特殊儿童在外界环境的刺激和强化下，产生积极的、主动交往的需要、愿望和关系为目的。表达性艺术活动本身的多元化方式和趣味化形式就能带动儿童主动参与活动。尽管有的身心障碍儿童需要引导者多角度、多途径、多变化地调动他们的主动性，但是一旦活动适应了他们的发展和需求，主体性被积极调动起来，就能收到很好的效果。

所有的艺术活动教学都是以特殊儿童为主体，以特殊儿童发展为目标，以特殊儿童能全身心地投入参与为准则的。干预课程是以儿童为主导的，儿童是整个课程的中心，以此就自然提高了儿童在活动中的主动参与度和兴趣。给孩子参与的选择权与支配权，引导孩子自己决定是否玩、玩什么、怎么玩，能促进儿童获得胜任感、成就感、控制感和自信心。让儿童做喜欢的事情，那么激发儿童的内在动机、集中注意力、探索并解决问题、将儿童的概念推向新的水平就有了保证。强调行为的内在动机，最重要的是抓住儿童的兴趣并从其内部动机入手，必要的时候给予外部的奖励和支持。特殊儿童本身才是主体，所以要关注活动中个体的反应，可以根据特殊儿童的个性与需要适时调整游戏方式，如在味觉辨别游戏中面，如果儿童有特别偏好的味道，就可以利用那个味道拓展游戏等。

教师在设计具体艺术教学活动中，需要根据当下孩子的表现，灵活而富有弹性地开展教学活动。在具体的教学活动实施过程中，牢记我们所有的教学活动都是以学生发展为中心，以学生为主体的，教师和家长应根据学生当下的状态灵活地开展，不能完全不管学生的状态和感受一板一眼地执行。一是当学习状态不佳的学生无法进入教师设计的活动时，要随时进行调整。可以先放弃原有的活动，随学生的意愿来开展，遵循"先跟后带"的原则，逐渐引导至孩子需要发展的活动目标上。当学生已完全融入活动时，再引入所设计的活动。二是对于特别配合的学生，教师需要留出足够的自主活动时间。每次游戏教学，教师都要围绕特殊学生的发展目标循序渐进地设计游戏活动，但在每次基本的教学活动完成后，教师都需要留有足够的时间让孩子自主探索，让孩子做自己想做的事情，尊重孩子的自发性和主体性，让学生的所思、所想、所感自然地表达出来，使孩子的情绪得到纾解；同时让教师更好地了解学生当下的状态，从而调整教学。

5. 趣味性原则

趣味性原则强调在教学活动设计时要注重玩耍性、多样性、互动性，让孩子快乐地参与。只有在具有趣味性的活动里，特殊儿童的本性与创造性才能得到最大程度的发挥。所以，教师和家长要充分考虑特殊儿童的兴趣和水平，为其创设一个愉快、自由的环境，引导特殊儿童积极参加活动，让他们尽情地玩耍和娱乐，促进本性和潜能的呈现，达到个人情绪的满足。

特殊儿童对于刻板性的动作要求有时候还会有逆反情绪。所以，教师与家长需要围绕同一个目标从多角度设计不同的多样化的教学活动，如嗅觉游戏可以从油盐酱醋茶中取材，也可以从超市、菜市场等外部环境中寻找嗅觉刺激，引起儿童探索事物的兴趣。在设计活动时，要尊重儿童天性，以游戏化方式开展互动内容。游戏化方式包括操作性强、多感官刺激、多艺术元素、规则简单、玩法有趣，并通过一定的游戏结果激励孩子积极参与活动中。

　　活动的设计与安排注意动与静的结合。不能一直是坐着的安静活动，这样学生容易困顿；也不能一直是大运动量的游戏，这样学生容易过于兴奋和过于疲惫。此外，同一媒材可以使用多样化的活动方式，促进儿童多个目标的达成，如趣味公园行活动，不仅可以促进感官开发，还可以促进亲子互动，达到认知和情感的协调发展。

本章参考文献：

［1］华国栋.特殊需要儿童的心理与教育 [M].北京：高等教育出版社，2004.

［2］钱志亮.特殊需要儿童咨询与教育 [M].北京：北京师范大学出版社，2006.

［3］马什，沃尔夫.异常儿童心理 [M].3 版.徐浙宁，苏雪云，译.上海：上海人民出版社，2009.

［4］方俊明，雷江华.特殊儿童心理学 [M].北京：北京大学出版社，2011.

［5］韦小满.特殊儿童心理评估 [M].北京：华夏出版社，2006.

［6］陆雅青.艺术治疗——绘画诠释：从美术进入孩子的心灵世界 [M].重庆：重庆大学出版社，2013.

［7］杨东.艺术疗法——操作技法与经典案例 [M].重庆：重庆出版社，2007.

［8］史密斯，佩蒂.音乐治疗 [M].梅晓菁，缪青，柳岚心，译.北京：中国轻工业出版社，2010.

［9］米克姆斯.舞动治疗 [M].肖颖，柳岚心，译.北京：中国轻工业出版社，2009.

［10］孟沛欣.艺术疗法——超越言语的交流 [M].北京：化学工业出版社，2009.

［11］李晓辉，张大均.戏剧治疗的回顾与展望 [J].医学与哲学，2012（11）:49.

［12］王晓萍.儿童游戏治疗 [M].南京：江苏教育出版社，2010.

［13］金野.特殊儿童艺术治疗 [M].南京：南京师范大学出版社，2015.

［14］张文京.特殊教育课程理论与实践 [M].重庆：重庆出版社，2014.

［15］张文京.特殊儿童早期干预理论与实践 [M].重庆：重庆出版社，2010.

第二章

特殊儿童音乐活动设计与指导

第一节 特殊儿童与音乐活动

一、音乐与音乐活动

（一）音乐的含义

音乐时时刻刻存在于人们的生命中，和人们的生活息息相关。人生活在这个世界上，无时无刻不受音乐的影响，从自然界原始的声响，到宏大的音乐会现场；从胎儿在母亲子宫时感受母亲的心跳节奏，到成年后独立参加的各种音乐活动。音乐是用听觉想象来表达人们的思想感情与社会现实生活的一种艺术形式，也是最能即时打动人的艺术形式之一。

音乐人类学家 A.P.Merriam 列举了音乐的十大主要功能：情绪表达功能、美感的愉悦功能、娱乐功能、沟通功能、符号代表功能、肢体回应功能、增强社会标准模式的遵从功能、使社会单位以及宗教仪式生效功能、文化的持续及稳定功能、社会整合贡献的持续及稳定功能。

（二）音乐与儿童

热爱音乐是儿童的天性，儿童怀着好奇的心理和眼光不断地探索着这个缤纷的世界，同时他们也用耳朵感受自然界中的声响，并用他们自己的方式回应内心的美好感受。我们常常可以看见牙牙学语的孩子听到音乐的时候，会情不自禁地扭动屁股，随着音乐手舞足蹈，虽然还不能用语言，但他们通过肢体动作表达出了他们内心的喜悦。

1. 培养儿童的审美能力

儿童的审美包含两个方面：一是指儿童以自己的方式感受到的情感表现性，这种情感表现性并不是对象客体自身所具有的；二是儿童与审美对象相互作用中，对象的形式特点与儿童的情感达到交融时在心理上所产生的情感对应物。如儿童听到《世上只有妈妈好》这首歌曲时，头脑中会随歌词浮现出在妈妈怀抱中的画面，身体似乎也会感到被妈妈拥抱着，进而内心产生一种愉悦的被关爱的感觉。审美的另一种含义是指欣赏主体在欣赏过程中达到一种自由和谐状态时所产生的审美愉悦。这种愉悦是他们把自己的情感、意志、思想等投射到文本上的结果。儿童的自我中心使得儿童总是按照自己的体验去看待在他们身外发生的事情。比如儿童在听到动画片《黑猫警长》的主题曲时，他们常常会根据音乐的节奏和歌词的变化，加上自己的理解，做出相应的动作。

2. 促进儿童多元智能发展

音乐是声音的艺术，能培养儿童注意倾听音乐的能力。培养儿童音乐倾听能力是儿童音乐欣赏能力发展的第一步。儿童在欣赏音乐的同时，能感受到音乐所表达的喜、怒、哀、乐，引起对于音乐形象的联想和想象，并提高注意力和感受力。

加德纳把智能定义为在某种社会和文化环境的价值标准下，个体用以解决自己遇到的真正难题或产生及创造出某种产品所需的能力。他认为，一方面，智能不是一种能力而是一组能力；另一方面，智能不是以整合的方式存在而是以相互独立的方式存在的。受遗传因素和环境因素的影响，儿童很早就表现出兴趣爱好和智能特点的不同。他们应被提供多种多样的智能活动机会，在充分尊重发展独特性的同时，保证全面发展。在多元智能理论看来，每一位学生都有相对的优势智能领域，如有的学生更容易通过音乐来表达，有的学生则更容易通过数学来表达。

拉泽尔从多元智能的观点探讨音乐教学活动，提出以下四个阶段：第一阶段是让学生感受到音乐共鸣及韵律节奏；第二阶段是通过实际倾听音乐声音、参与打击乐器活动来表达自己的感情；第三阶段是以音乐为媒介，学习相关教学内容；第四阶段是应用于课程以外的其他学科领域，最后整合于日常生活之中。同时，拉泽尔也提出了八种多元智能融入音乐教学的方式，如表 2-1 所示（黄荣真，2008）。

表 2-1　八种多元智能融入音乐教学的方式

智能向度	教学方式
语文	音乐的节奏形态以语言音节代替,曲调的抑扬以语句的音阶起伏来理解。
逻辑数学	讨论乐器的制造运用哪些数学方式,在音阶、和声、对位方面使用哪些数理规则。
空间	各种乐团的分配、音乐厅的设计、乐曲的结构、乐器的视觉形象。
肢体动作	唱歌时肢体的运用,演奏动作、听音乐时的肢体动作。
音乐	创造表达自我的音乐。
人际	参与两人以上的音乐活动(齐唱、合唱、合奏等),并与人分享自己对音乐的体验。
内省	选择自己喜欢的音乐类型。
自然观察	探讨大自然的声音与人造声音。

来源：黄荣真，特殊需求儿童音乐教学活动，心理出版社，2008.

3.培养实践力和创造力

音乐的艺术形象看不见、摸不着,是声音的艺术,是听觉的艺术。因此,儿童在聆听音乐的时候,通过自己的想象加工,头脑中会出现不同的艺术场景。音乐能激发儿童的想象力,并根据自己的理解,以自己独特的方式表达出来。这种理解和表达就是培养儿童实践能力的有效途径,并在此过程中激发儿童的创造力。

(三)儿童音乐能力的发展

1.皮亚杰认知发展阶段理论与儿童音乐能力发展的关系

儿童始终处于发展中,即使特殊儿童也是在不断地发展。儿童的音乐发展受其综合能力发展水平的影响,音乐能力的发展又可促进儿童综合能力的发展。了解儿童身心发展的阶段,根据他们在每一阶段内的智力能力、表现能力等,采取相应的、有针对性的教学计划,可使儿童的音乐能力在循序渐进中得到发展。

(1)感觉运动阶段

第一阶段的年龄段为 0～2 岁。智力发展的感觉运动阶段,以儿童通过各种感官与他们周围的环境发生相互作用为特征。他们所需要的不是成人告诉他们这是什么、那是什么。他们必须依靠自己的感官得到的第一手信息。这种学习周围环境的方式,是这个阶段儿童的特征。

为适应儿童音乐心理的需求,音乐教学活动中儿童最初的音乐经验应以实际音响为主，包括他们自己歌唱、演奏和聆听自然界的各种声音。儿童需要首先建立一个音乐声响的储存库，这是他们进一步发展音乐智力各种特征的坚实基础。此阶段儿童音乐发展的主要特征为：对周围环境所发出的声音做出各种反应，自发地、本能地创作并演唱。

塞拉芬对这一时期幼儿从事音乐活动提出以下建议：

① 婴儿需要睡眠，因此选择具有安静感的音乐。

② 进行"声音模仿"游戏，由大人模仿孩子所发出的声音，这时候孩子也会试着重复大人所模仿的声音。

③ 玩"发现声音"的游戏，此类活动可帮助孩子尽兴地去探索和发现声音的来源。声音可以包括从自己身体发出的声音，如拍掌声、哭、笑声等；也包括周围环境的声音，如风声、雨声、钟表滴答声等。

④ 提供丰富的感官经验，布置一个充满音乐、节奏、律动的环境，借此培养孩子的知觉能力。

（2）前运算阶段

这一阶段的年龄范围是 2～7 岁。

在这个阶段，儿童与周围世界的相互作用仍趋于以感官为主，儿童的学习活动仍然依赖于视觉和触觉。因此，在各种音乐概念的学习中应将干扰因素减至最低，使儿童能够把注意的焦点放在某一特定的音乐概念上。

这一阶段儿童音乐发展的主要特征为：2～3 岁开始能把听到的旋律片段模仿唱出；3～4 岁能感知旋律轮廓，此时开始学习某种乐器的演奏，可以培养绝对音感；4～5 岁能识别音高、音区，能重复简单的节奏；5～6 岁能理解分辨响亮之声与柔和之声，能从一些简单的旋律或节奏模仿中辨别出相同的部分；6～7 岁在歌唱的音高方面已较为准确，明白有调性的音乐比不成调的音的堆砌好听。

黄丽卿对这一时期儿童从事音乐活动的建议是：

① 自我中心期的儿童无法以他人的立场和角度来思考事情，因此不适合从事团体竞争性游戏，适合个别的音乐活动，如手指谣。

② 可以和幼童玩"躲猫猫"的游戏，这类活动可训练儿童根据声音的线索去发现声音的来源。

③ 心智上的"可逆性思考"和"逻辑推理能力"对前运算阶段的儿童来说是

相当困难的。譬如，让儿童反复敲击以作为歌曲伴奏，我们发现很多儿童无法胜任这项工作。儿童只注重整体而无法进行部分的思考。

④ 前运算阶段的儿童的另一项特征为缺乏保留的概念。所谓音乐的保留是，当音乐在形式或量度上改变，而其实质未变，但儿童无法了解其质量仍保持不变的心理倾向。例如在固定节拍中添加其他节奏模式对学前儿童来说是相当困难的。

（3）具体运算阶段

此年龄阶段为 7 ~ 11 岁。当同一首旋律用不同的速度或用不同的乐器演奏时，这一阶段的儿童能辨别出它们出自同一首相同的旋律，具备了这种音乐守恒能力就为儿童音乐概念的形成发展顺序奠定了基础。儿童在音乐概念的形成过程中，优先得以发展的是音强概念，以后的顺序是音色、速度、时值、音高及和声。

这一阶段音乐发展的主要特征为：7 ~ 8 岁有鉴赏协和与不协和音程的能力；8 ~ 9 岁知道节奏、旋律改变了，逐步具有韵律感，能感知两声部旋律；10 ~ 11 岁和声概念建立，对音乐的优美特征已有一定的感知和判断能力。

（4）形式运算阶段

这一年龄阶段为 12 ~ 17 岁，是由儿童成长为青少年的过程。

这一阶段的青少年比具体运算时期的儿童更长于思维，他们能够完全以他们的逻辑为根据来评价事物，而较少依赖具体的经验世界；他们的生理、情绪和各种智力因素在迅速地发展着，价值观在形成中，对未来的目标已初步建立。所以，在这个阶段中，音乐与个体需要的关系就显得比较重要，音乐教学的方式也应依靠个体的需要而具有多样性。

儿童音乐心理的变化基于上述的过程，但因所处的环境、个性的不同以及接受教育的差异，儿童的音乐心理呈现出纷繁复杂的多样性。

2. 布鲁纳认知发展理论与儿童音乐能力发展的关系

布鲁纳从知觉、推理思考、认知表征、教育及婴儿期的动作技巧等领域加以探讨。他认为学习者储存与利用资讯的模式有动作表征、形象表征和符号表征三种途径。

动作表征是幼儿一二岁时最常见的认知方式，他们借由抓、握的动作，与周遭环境中的各种事物产生关联；借由感觉性与运动性的探索活动来获得知识。音乐活动方面经常用身体律动表现出他们对音乐的感受。我们经常看见这一时期的孩子听到音乐后，身体会随音乐不自主地扭动。

幼儿三岁后进入形象表征期，这个时期的孩子已经能够通过心理象征来表示未在眼前出现的事物，即幼儿不用借助感官、动作，而用象征的方式来表示物体或事件本身。在音乐活动中，儿童常常会将手鼓想象成月亮，将呼啦圈当作镜子来玩动作模仿游戏。图画和影像对于这个阶段的孩子有某种特殊的意义。因此，在教学活动中，可以搜集有关声音高低、音乐速度快慢的图片，给孩子进行视觉符号提示，让幼儿进行乐器演奏。

符号表征时期是幼儿开始构建自己知识的时期。当儿童开始运用心智影像和语言时，他们便拥有了一种表征方式，并会对事情做较长远的思考，不再受限于立即性经验。这一时期的孩子需要更多自我探究的机会，多给孩子感受与欣赏音乐的机会，让孩子自己去发现音乐中的美。

一些学者根据布鲁纳的表征系统论，就动作表征期、形象表征期、符号表征期分别提出各时期会表现出的音乐能力，如表 2-2（黄荣真，2008）、表 2-3（黄丽卿，2009）所示。

表 2-2   儿童音乐行为发展表

表征期	音乐能力
动作表征期	① 靠感官、动作的方式来获得音乐方面的经验。 ② 通过肢体动作或表情来回应他所感受到的音乐。 ③ 将自己所听到的音乐，以动作姿势或舞蹈律动展现出来。 ④ 能经由即兴弹奏乐器或通过简易的口语来组合自己的音乐意念。
形象表征期	① 保留心象的能力渐增，能与视觉表征做联结，如"↗"是代表声音越来越高；"｜｜｜｜"（小节线）表示规则的拍子。 ② 能将自己所看到的形象以音乐演奏来诠释。 ③ 将自己所听到的音乐，运用自创的形象符号或言词加以表达。
符号表征期	① 能将自己所听到的音乐，以更多正式的音乐符号来呈现。 ② 会运用音乐符号或音乐术语描述音乐。 ③ 借由演奏把抽象的符号转化为声音表达出来。 ④ 能用正式的音乐符号来组织、记录自己的音乐概念。

表2-3　各阶段幼童行为发展特征与音乐经验的关系

年　龄	行为特征	音乐经验
0~1个月	借着身体摆动来回应刺激。	发出微弱的声音并徐徐移动身体，此期给予声音刺激非常重要。
2~3个月	由"听"到"倾听"的改变。 会将头转向刺激物的来源。 用眼睛探索刺激物的移动。	音乐经验与新生儿同。
4~8个月	伴随着有目的性的活动。 对有兴趣的事物会反复地操弄。 发展手眼协调的能力。	会反复不断地敲击悬挂的铃铛以聆听声音。
9~12个月	会预期事件的发生。 会出现模仿行为。 会表示意念。 了解乐器的功能。	用敲击棍敲打鼓或木琴。 跟着音乐拍手。 敲击各种乐器以制造声音。 认识乐器的不同。
13~18个月	创造新的动作。 以尝试错误的方式来解决问题。	以不同材料运用不同方法来敲击乐器，以获取不同的经验。
19~24个月	通过先前的经验来创造新的动作。 模仿观察到的行为。	大人引导活动结束后，幼儿仍继续其音乐活动。 喜欢收听音乐并会随着音乐手舞足蹈。
2岁	在空地上跳舞。 轻跳、跑步。 语言能力进步。 注意力较短暂。 尝试运用一些词语或字来说话。 发展独立性且好奇。 容易疲倦。	喜欢活泼的曲子并随音乐跳舞。 喜欢跟着大人做简单的动作。 能学习简短的歌曲。 喜欢敲打乐器并听不同的声音。 在费力的节奏活动之后应有休息时间，尽量避免长时间的活动。
3岁	随着音乐做走、跑、跳的活动。 自我控制能力增加。 专注事物的能力增加。 使用更多的词语。 会比较两种不同的物体。 能参与大人的活动计划。 开始显露出创新的能力。	喜欢用比较特殊的音乐来进行律动。 能等待一段短暂的时间。 能唱较长的歌曲。 开始唱歌词或传统歌谣。 在团体活动中，进行经验、声音的对比。 喜欢不同的旋律，且能自由地组合。 尝试以自己的想法来选择重要的音乐经验。
4岁	对规则感兴趣。 能配合大人的计划进行活动。 喜爱想象的活动。 拥有更好的运动控制能力。 可做跑跳及其他的移位动作。	可进行有规则可循的歌曲或游戏。 能回应大人所设计的音乐活动。 能尝试为歌曲配上乐器。 喜爱戏剧性的律动。 喜爱玩弄钢琴及其他乐器。 能辨别简单的旋律。
5~6岁	拥有相当好的运动控制能力。 喜爱规则。 视力尚未发展完全，眼球移动缓慢，因此观看小的图案或线条有困难。 心脏血管之循环系统改变。	能跟随较特殊的节奏模式做动作。 喜爱具有规则性的歌曲和舞蹈。 能在钢琴上找到正确音高。 喜欢较大的音乐教具。 配合生理的改变，可给予变化较多的活动。

续表

年　龄	行为特征	音乐经验
7~8 岁	开始阅读具有象征性的符号。 关心游戏规则。 发展合作与竞争的行为。 出现逻辑思考过程。 能比较两个以上的物品。 喜爱由男女两种角色所组成的小团体游戏。	能阅读五线谱或各种音符。 对规则性的舞蹈和曲子感兴趣。 喜爱合唱或其他与同伴一起进行的音乐活动。 由幻想进入现实。 能比较三种以上的声音或音高。 喜爱从事团体活动，如歌唱游戏、非正式的乐器表演、说白游戏。

　　特殊儿童在音乐活动能力上有可能存在发展迟缓，但发展轨迹和普通儿童大致相同，因此了解特殊儿童音乐发展的顺序可以借鉴普通儿童的发展顺序。教师应了解各阶段儿童能力和音乐能力发展特征，以便进行音乐活动设计。教师还应该学习有关儿童发展和音乐能力发展的知识，并根据儿童的生理年龄和实际能力发展所处的阶段，选择和设计适合儿童发展的音乐活动。家长也可以了解相关儿童发展的知识，配合教师，在家里和儿童开展亲子音乐活动，增进亲子关系，为孩子营造良好的音乐环境。

二、特殊儿童与音乐活动

（一）音乐活动对特殊儿童的作用

　　特殊儿童在某些方面和普通儿童存在显著差距。教师在课程设计和教学时要注意个体差异，不仅传授儿童音乐技能，还要重视儿童对音乐的体验，真正让其感受到从音乐中得到的快乐。

1. 提高特殊儿童的音乐素养和综合能力

　　特殊儿童通过感受音乐，感受内心情绪的变化。由于特殊儿童的发展水平和学习特征，教师和家长不能仅仅重视特殊儿童音乐技能的学习，还要关注音乐的其他功能。特殊儿童的音乐教育活动可以让孩子学会基础的音乐知识，提高儿童的听觉、感受力、节奏感和表现力等音乐素质和能力。有音乐天分的特殊儿童可以把音乐作为谋生的手段和休闲娱乐的方式，教师也要重视对有音乐天分的特殊儿童的培养。

2. 音乐促进特殊儿童非音乐能力发展

特殊儿童音乐教育以音乐为主线，强调音乐的本体性，同时在整个音乐活动中贯穿康复和干预的功能。在音乐活动中，特殊儿童和同伴一起参加音乐活动，能在音乐活动中学到等待、合作、协商等社会沟通技能；在学习器乐演奏时，不仅能掌握节奏和乐器的演奏方法，也能锻炼肌肉，练习粗大动作和精细动作（表2-4），更能体会到团队合作。模仿和记忆是重要的学习技能。在音乐教学中，教师示范动作，儿童模仿动作，对于复杂的律动动作，特殊儿童还要用心记忆动作的顺序和位置等，从而锻炼了模仿和记忆相关的能力。因此，音乐活动是实现儿童全面发展的有效途径之一。

3. 音乐能丰富特殊儿童的休闲生活，帮助其融入社会生活

音乐是一种社会性的非语言交流的艺术形式，音乐活动本身就是一种社会交往活动。在集体舞、合奏、合唱等音乐活动中可以让特殊儿童在很自然的情境下与他人合作，共同参与一项活动。特殊儿童通过音乐学习音乐，可以体验丰富多彩的生活。用自己的音乐素养和技能作为其社交的手段，融入社会丰富的艺术休闲活动中，达到与人沟通交往的目的。特殊教育的重要教育目标之一是让特殊儿童通过教育，最终能过上独立的生活。

特殊儿童可将音乐作为相互交流思想的一种有效手段，让音乐作为愉悦身心、丰富生活的一种形式，在一定程度上改变他们生活范围狭小、生活负担重的状况。通过音乐发展他们团结协作的精神，增强集体感、群体意识，从而获得自我价值。

4. 音乐能陶冶情操，舒缓情绪

音乐本身就具有感情色彩。音乐是一种善于表现和激发情感的艺术，音乐欣赏的过程就是情感体验的过程，既是特殊儿童对音乐的感情内涵进行体验的过程，也是特殊儿童在自己的情感和音乐中表现出情感相互交融、发生共鸣的过程。

表 2-4　一般幼儿与智力障碍者肢体动作发展与音乐能力之比较

一般幼儿	智能障碍者	肢体动作	音乐能力	音乐行为表现
1 个月	极重度智能障碍 IQ25 以下	渐举头	听 / 音源	看、笑
3~6 个月		翻身、身体支撑下头左右转		
6~8 个月		坐、爬、双手玩玩具		看、笑、抓握物体
8~10 个月		扶物站、缓移动	两拍韵律	看、笑、哼、抓握玩具乐器
12 个月		牵手、扶物走		看、笑、抓握摇敲玩具乐器、指听音乐 / 特定歌曲、哼 / 接唱尾音
20 个月		可踢球		特定歌曲、哼 / 接唱尾音
2 岁		横、倒退走，学兔子蹦跳		
2~3 岁	重度智能障碍 IQ25—39	双脚一次一阶，上下楼梯 大跑步，但重心不稳，易跌 单脚站，双脚跳 高位往下位跳 脚尖走路 玩的种类增加	听记 听哼	随音乐舞动时作大肢体上下左右摆动 扭屁股 身体前后交替移动较缓慢
3~4 岁		踩三轮车 直线或粗平衡木上走直线 双脚交替上下楼梯 单脚 / 脚尖站几秒	听记 听唱 听动	非常喜欢唱歌、喜欢重复性听简单固定音乐 / 有声故事
4~5 岁		骑脚踏车 溜滑板、踢板球 上下丢球 试接弹跳球 爬高、跳、旋转、翻筋斗，动作敏捷	听记 听辨强弱 听辨音色 听辨高音	喜欢重复性听多样性音乐 / 有声故事，身体节奏性摆动，进入律动音乐训练
5~6 岁	中度智能障碍 IQ40—54	稳健齐步走 喜欢新的动作技能 双脚交替运用熟练 双手有效学习扣纽扣、系鞋带	听奏	双手交替敲击乐器（简单旋律 / 节奏）
6 岁以上				双手熟练交替敲乐器（复杂旋律 / 节奏） 可合奏

很多在特殊教育学校或者特殊教育机构给特殊儿童上音乐课或者做音乐治疗的老师并不是音乐治疗师，甚至不是从音乐专业学校毕业的老师。因此，虽然很多特殊教育学校建有音乐治疗室，但很难开展真正意义上的音乐治疗。所以，我们在进行特殊儿童音乐活动设计的时候，更多的是考虑以音乐为媒介、为手段，促进特殊儿童非音乐能力的获得，如沟通、认知、动作、生活自理等，进行音乐康复教育和训练。

第二节 特殊儿童音乐活动设计

一、音乐能力评估

用音乐活动对特殊儿童进行音乐教学和非音乐能力康复，除了对孩子能力发展现状做评估以外，还应对孩子相应的音乐能力做评估，了解孩子现有的音乐能力水平和音乐喜好，作为设计音乐活动的依据，如表 2-5、表 2-6 所示。

表 2-5　特殊儿童音乐能力简单评估表

填表日期：_____ 年 ____ 月 ____ 日

姓名：_____　年龄：_____　生日：_____ 年 ____ 月 ____ 日

性别：□男　□女　　障碍类别：_____

家长 / 监护人姓名：_____　与儿童关系：_____

1. 听

□对声音有反应　□能找寻声源　□能欣赏歌曲

2. 演唱

□没有发出声　□能唱某句歌词　□能唱一段音乐

□能唱整首歌　□其他

3. 器乐演奏

□能即兴演奏　　□模仿复杂旋律　　□能模仿简单旋律

□能依指示合奏　□能用乐器演奏旋律　□能依指示拿指定的乐器

□其他

4. 演奏乐器的强弱

□强　□中　□弱　□其他

5. 肢体控制

□完全不能控制身体　□能做身体律动　□能跳舞

改编自陈洛婷《音乐治疗临床实务》

表 2-6　音乐能力详细评估表

1. 倾听、唱

1.1 声音与歌唱

□对声音有反应　□会自己制造声音　□发现声源　□模仿他人的声音

☐正确使用嗓音　☐控制声音的质量　☐可以唱完整首　☐理解歌词

☐编歌词或音乐故事　☐与他人声音的融合　☐音量控制　☐跑调

☐断断续续　☐不发声　☐保持正确音高或调性　☐正确地演唱音符

☐正确地演唱歌词　☐正确地演唱节奏　☐保持速度　☐在正确时间进入

☐在正确时间停止　☐正确演唱乐句

1.2 异常的演唱行为

☐单调　☐假声　☐音域狭窄　☐固执于一个音上

☐固执地回到前面的调性上　☐嗓音的自我刺激　☐尖叫　☐旋律

☐节奏　☐歌词重复　☐模仿　☐口吃　☐喋喋不休

1.3 歌词

☐清晰　☐不清晰

1.4 旋律

☐完全模仿简单旋律　☐部分模仿简单旋律　☐不能完成　☐无回应

1.5 节奏

☐完全模仿简单节奏　☐部分模仿简单节奏　☐不能完成　☐无回应

1.6 音量

☐弱　☐中弱／中强　☐强　☐渐强　☐渐弱　☐其他

1.7 听觉辨识乐器

1.8 听觉序列能力

2. 律动

☐随乐律动　☐仿唱乐句兼动作　☐可以简单动作表演歌曲　☐参与戏剧性律动

☐律动与节奏相吻合　☐随创造性节奏模式做动作　☐用恰当的动作表现歌词

☐动作与音乐刺激有联系　☐动作节奏与音乐动力一致

3. 打击乐器

3.1 正常演奏行为

☐正确地拿、放乐器　☐正确地操作乐器　☐可敲打乐器　☐奏出单一音

☐打出简单音节　☐区别节奏形式　☐奏出乐曲的节奏型　☐根据音乐的变化改变节奏

☐奏出歌曲的节奏型　☐用乐器表达　☐正确地控制音色　☐与他人音色的融合

☐控制演奏的音色　☐就坐　☐保持姿势　☐服从指导

☐参与　☐正确演奏音符　☐正确演奏节奏　☐保持速度

☐在正确时间进入　☐在正确时间停止　☐正确演奏乐句

3.2 异常演奏行为

☐对乐器恐惧　☐迷恋某种乐器　☐在乐器上表现出冲动行为　☐拒绝放弃与分享乐器

□对乐器有破坏行为　□把乐器当作武器使用　□有不正确的身体反应　□有限制地使用

□制造噪音　□固执在单一的声音或音调上　□重复地演奏一个旋律　□重复地演奏一个节奏

□不适当的演奏　□在不正确的时间演奏

3.3 敲鼓的方式

□稳定　□持续不停　□混乱　□刻板

□有节奏　□失控　□冲动　□逃避推脱

3.4 即兴

□好　□一般　□差　□无回应

3.5 注意力

□完整参与　□大部分参与　□短暂参与　□偶尔参与

□不专心　□不能参与活动

3.6 参与小组音乐活动

□集体唱歌　□集体做动作　□喜欢参与音乐活动

□节奏乐演奏　□创造性律动／舞蹈　□主动组织活动　□歌曲律动

□集体舞　□能保持参与整个活动　□音乐圈游戏　□最先开始活动

4. 音乐技巧

□歌唱技巧能力　□打击乐技巧能力　□读谱能力

□简单作曲能力　□指挥技巧能力

5. 喜爱的动作／行为

二、特殊儿童音乐活动目标

（一）特殊儿童音乐活动设计的目标

特殊儿童和所有儿童一样，都处于不断发展之中。特殊儿童发展的速度和广度可能不如普通儿童，但发展轨迹和普通儿童的基本一致。在给特殊儿童设计音乐课程的时候，教师应参照特殊儿童发展性课程目标，评估孩子目前所处的能力水平，结合其生理年龄，开展符合孩子学习特质的音乐课程。

发展性课程以学生发展为依据，分析学生各项领域能力之综合发展，比对发展与社会适应的关联，了解学生之发展现况，以预估学生下一学习阶段之进展，拟订适合其能力及需要之教学目标，使学生达到适应社会之目的。

（二）音乐活动目标与特殊儿童的发展七大领域的关系

音乐对感官知觉、粗大动作、精细动作、生活自理、沟通发展、认知发展、社会技能有促进作用，除了教育功能外，还具有康复功能。儿童的发展是一个整体，不能只依附于某一个或某几个方面的能力，而是综合的、多元的、全面的能力整合。

特殊儿童的发展七大领域与特殊儿童音乐活动关系，如表2-7所示。

表2-7　特殊儿童音乐发展七大领域活动目标

领　域	分　项	目　标
感官知觉	听觉的运用	①能感知声音，并对声音有反应。 ②能辨别不同的声音。
	触觉的运用	能感知不同材质的乐器，并辨别出不同材质的乐器或媒材。
粗大动作	姿势控制	①能控制身体各部位，并能保持身体稳定。 ②能随音乐做律动或舞蹈。
	移动力	能翻滚、爬行、跪行、臀行、直立行走、上下楼梯、跑、跳。
	运动与游戏技能	能进行球类运动、垫上运动、游乐器材、绳类游戏、轮胎类游戏、投掷类游戏、大道具游戏、律动操以及其他音乐游戏。
精细动作	抓放能力	①拇指与食指能抓起和放下乐器。 ②腕部旋转演奏乐器，双手协调演奏乐器。 ③能用手指进行乐器演奏。 ④能做腕部运动和手指操。
	作业能力	能按顺序或要求堆叠和收纳乐器。
生活自理	物品整理	①能选择自己喜欢或者适合的乐器，并能准备需要的乐器等。 ②能收拾乐器。
沟通	内在语言	①上课能持续注意，能静坐和等待。 ②具有模仿能力，能听从指示。 ③能适应音乐活动教室的学习环境。
	听的能力	①听前准备，如有聆听的习惯、不插嘴等。 ②能听懂名词、动词、动词＋名词短句（如拿乐器）、形容词＋副词短句（如拿红色乐器），并做出反应。 ③能对否定句和疑问句有反应，并对复杂句子有反应。

续表

领　域	分　项	目　标
沟通	说的能力	① 说前准备。 ② 说出名词、动词、动词＋名词短句、形容词＋副词短句。 ③ 能唱歌曲、念儿歌。 ④ 能用口语表达需求。
	读的能力	① 读前准备。 ② 认识汉字（歌词）。 ③ 能识图谱（如图形谱、乐谱）。
	写的能力	① 写前准备（握笔、手臂控制）。 ② 能写歌词。
	非语言沟通	① 能用肢体、手语、图片、符号、文字等其他方式(如用电脑、手机打字……) 　 进行接受或表达性沟通。 ② 懂得与他人沟通的技巧。
认知	记忆力	① 能记住歌词、曲子、律动动作和舞蹈。 ② 能记住音乐指令，并做出相应的反应。
	配对和分类	① 配对、分类乐器（按材质、颜色、形状、大小、音色、功能）。 ② 能进行图片和乐器实物配对。 ③ 比较两种乐器的不同。
	顺序	能按顺序排列乐器，依序完成活动（舞蹈、律动、乐器演奏等），按顺序 演奏乐器。
社会技能	数的运用	① 能认简谱，并有节奏感。 ② 能辨别声音的长短。
	人际关系	① 能与他人打招呼，参与团体音乐活动，能介绍自己／别人。 ② 在音乐团体活动中能尊重别人，并与他人合作完成活动。 ③ 能帮助别人，并能向别人求助。
	休闲活动	能参与音乐活动、阅读书报、绘画活动、手工艺活动、体育运动、旅游活动、 桌上游戏、欣赏音乐、观赏影视和演出活动。
	身心健康	具有健康的生理和心理。

三、特殊儿童音乐活动设计方法

　　音乐是一门特殊的艺术，稍纵即逝，看不到，摸不着，只能用耳朵去听，用心去感受。要让特殊儿童真正体会到音乐的内涵，教师在教学的时候光靠放音乐给他们听是不够的。孩子的注意力有限，集中注意听音乐的时间较短。因此，教师在选择好乐曲后，应设计丰富多彩的教学活动，一步步引导孩子踏入音乐的殿堂，充分调动孩子的音乐想象力，让孩子多感官参与。如用音乐游戏的方式，把抽象的音乐元素融入游戏体验活动，把抽象的音乐具体化，让孩子们充分地感受到游戏的乐趣。

（一）按音乐活动组织形式设计

1. 班级音乐教学

班级音乐教学形式是按照原始班级编班，同学们除了学习音乐外，其他课程如语文、数学等也一起上，在一起吃饭和玩耍。因此，同学之间非常熟悉。这种形式很适合需要合作完成的音乐活动的开展，多以特殊学校班级为主。

2. 团体音乐教学

团体音乐教学形式是一种由多人组成的教学形式。既可以是由熟悉的人组成的教学团体，也可以是为了某种教学目的而临时组成的教学团体。

3. 个体音乐干预活动

有的特殊儿童无法参与团体形式的活动，或者在团体活动中严重干扰正常的秩序，如有攻击行为、尖叫等。这种一对一的个体音乐干预活动，可以针对特殊儿童的情绪行为、课堂常规等进行专门的教育和练习，为特殊儿童进入团体活动作准备。

（二）按音乐教学领域的内容设计

根据培智学校义务教育唱游与律动课程标准，以特殊儿童音乐活动常用的教学形式为出发点，根据特殊儿童常见的教学形式，我们将音乐教学活动的领域内容划分为感受与欣赏、唱歌、游戏、律动。特殊儿童音乐教学活动包含歌唱、律动、舞蹈、打击乐、音乐相关文化、综合表演等。教师可按照课标中音乐教学领域的要求设计教学活动。

（三）按照音乐教学的场地设计

1. 家庭音乐教育

父母是孩子的第一任教师，家庭中的音乐活动对特殊儿童有潜移默化的作用。家庭音乐教育是特殊儿童音乐学习的开始阶段，要重视这一时期对儿童音乐热情的培养。家长要有意识地创造良好的家庭音乐教育氛围，使孩子始终置身于音乐美的熏陶中。

在家庭音乐活动中，家长要多顾及孩子的能力和感受，给孩子做示范时动作要放慢，要有耐心，家长说话的语气要柔和，要给孩子充分的准备时间，当孩子取得进步时，家长应及时给予表扬。

2. 学校音乐教育

学校的音乐教育可以是集体的音乐活动，也可以是一对一的音乐个训；可以是音乐活动课、个训课，也可以是创建学校良好音乐氛围的隐性课程，让学生始终处于音乐环境中。

音乐教学的目的是通过唱歌、演奏、欣赏和律动活动，培养学生对音乐的表现力和感受力，激发特殊儿童学习音乐的兴趣和参与音乐活动的积极性，培养对生活的乐观态度，进行审美教育和思想品德教育。

（四）一日活动中的音乐活动设计

学生的大多数时间都是在家庭和学校环境中度过的。因此，在学校教学和家庭活动中对学生的一日活动进行分析和调整，是与该个案一起经历、创造生活，对该生进行生态化的音乐课程建构。应该围绕孩子一天的日常活动，分析在一日活动中怎样更好地为该生创建更多参与音乐活动的机会，丰富孩子的生活，创设有意义的学习场景。对一日活动分析可以时间为序，可以空间为序，也可以活动为序进行。

家长也要在生活中有意培养儿童聆听自然界声响的习惯，如风声、雨声、雷声、动物叫声等，让孩子感受其音色的不同，声音的大小、远近等。家长应带领孩子发现自然界的声响，并注意聆听，引导孩子热爱音乐、热爱生活。

（五）音乐活动的其他设计思路

1. 在音乐活动中贯穿康复功能

卡尔·奥尔夫说，音乐是大自然一种伟大的和谐秩序，能赋予人们心灵上真实的美。音乐活动除了能对孩子的动作和语言等一些具体外显的能力进行康复训练外，还能对孩子们的情绪、行为、心理等进行有效的康复训练。手段性的音乐教育强调其服务的功能性，让特殊儿童在音乐活动中探索未知世界，引起特殊儿童对周围环境的兴趣，并尽可能表达自己的情感。选择结构重复的音乐，给特殊儿童提供重复练习的机会，也让他们可以预期下一个动作是什么，减少不确定因素带来的焦虑情绪。孩子们在音乐活动中尽情地歌唱、舞蹈、进行角色扮演，体验各种各样的生活乐趣，抒发情感，学会遵守秩序，与他人合作、分工，建立良好的人际关系，培养健全人格。

2. 音乐作为一种信号

音乐是美好的，能给人带来愉悦的体验，在特殊儿童的生活和学习中，比起机械性的信号声，音乐更能营造一种美好氛围。音乐是声音的艺术，具有强烈的美感，能更直接、更有力地进入人的情感世界。音乐能通过旋律、节奏、和声等直接刺激影响听觉。例如，早晨，特殊儿童在优美的音乐声中苏醒；上课和下课的铃声也是音乐；课间活动中，优美的乐曲伴随着活动进行；等等。要注意的是，在曲目的选择上，应尽量避免庸俗的歌曲，让孩子有机会接触到一些音乐名曲；但同时也要考虑到孩子的能力水平，曲目不能太超出孩子们的欣赏理解能力。

上课和下课时，教师和学生相互行礼，也可用歌声来提醒。教师在发出起立、静息、收玩具等常用的课堂指令时，可以弹一段钢琴曲或唱歌，让孩子们一听到熟悉的音乐，就知道要做什么。在用餐前，全班齐唱几首同学们喜欢的歌曲，增强学生的团队归属感和集体感。教师在组织教学需要进行圆圈队形活动的时候，可以用歌曲的形式整队，用音乐发出课堂指令。

教师还可以用学生熟悉的歌曲旋律，即兴编歌词，用唱歌的方式向学生传达自己的指令。如果学生能力较好，也可以尝试要求学生用歌声回答老师。整个教学活动都在音乐的氛围中进行，会非常融洽；也可以训练孩子集中注意力和倾听的能力。

3. 音乐与律动相结合

人的肌肉是具有记忆的，同一种动作重复多次之后，肌肉就会形成条件反射。肌肉获得记忆的速度缓慢，但一旦获得，其遗忘的速度也缓慢。因此，对于音乐的感受和学习可以借助粗大动作和精细动作的反复练习，以构建对音乐的感知。

律动还可以和学生的学习、生活结合起来。如大课间的律动操，在同一首音乐旋律中，低年级的同学可以即兴自编反映自己一天起床、洗脸、吃早餐、上学、上课、放学、写作业、洗漱、睡觉等场景的动作；高年级的同学则可以根据节奏，做出去郊游、进行体育活动等和生活密切相关的律动。

4. 自制乐器

以身体为乐器。拍手、跺脚等简单的动作，以及声音都是我们与生俱来的"乐器"，这种简单的身体乐器可以激发特殊儿童对身体的探索和了解。

以生活物品为乐器。水桶、锅碗瓢盆、桌子、椅子等都是生活中常见的物品，可以用它们进行简单的打击乐演奏，还可以用来模仿自然界的声响，如脚步声、风声、雨声等。

用生活中常见的媒材制作乐器。可以用报纸卷成音筒，用矿泉水瓶装上豆子制作沙锤，用玻璃杯装水等。让孩子参与自制乐器的制作，感受不同材质的触感，发出不同的声响，可培养特殊儿童的探索精神。

第三节　特殊儿童音乐活动设计范例

一、特殊儿童感官知觉发展音乐活动设计

（一）音乐与感官知觉

音乐是听觉的艺术。特殊儿童对于音乐的感知，应依靠多感官刺激。感知觉能力是儿童认识世界、发展智力、进行创造性活动的基础。儿童的音乐学习不是先认识文字、符号，而是先要调动多种感官参与，通过感知觉提高对节奏、速度、力度、音高、音色等音乐要素的辨别力和感受力。伴随律动、舞蹈、乐器的歌唱和表演活动，需要儿童的耳、眼、脑、嗓音、语言、肢体运动的协调配合、共同作用，这对感知觉的发展非常重要。音乐活动能培养儿童敏锐的感知觉，提高大脑反应的灵活性，促进想象力、直觉、创造性等方面的发展。

在音乐教学中，学生通过参与音乐活动，发展各种感知觉。在音乐活动中，要重视对学生多感官的刺激，如视、听、触、味、嗅，同时也注重多重感官相互促进。通过对音乐综合立体的感知，教师帮助学生感知世界，让学生形成自己对世界的整体认知。婴儿就能感受到父母的怀抱，听见父母哼唱的摇篮曲、电视播放的声音、厨房炒菜的声音、家人的脚步声等，甚至能够区别出音的高低及节奏的变化等。因此，在学习和生活环境中，教师或家长应注意引导学生感知生活中的声响。

（二）活动范例：感官知觉发展（杨梅整理）

1.活动目标

①提高学生的听觉运用能力。

②学生能听辨出各种打击乐器的不同音色。

③学生能使用自己感兴趣的打击乐器发出有节奏的声响。

2. 活动准备

①游戏治疗室：25~30 平方米，室内装饰简单柔和，不宜太有刺激性，内有坐垫等。

②打击乐器：双响筒、碰钟、鼓、沙锤

③歌曲：《铃儿响叮当》

3. 重点与难点

重点：吸引学生的注意力，激发学生的兴趣，通过听辨打击乐器音色掌握打击乐器的使用方法，为后面的活动奠定良好的基础。锻炼学生的听觉敏锐和视觉辨别能力，提高认知能力。能按节奏要求有控制地敲击打击乐器，锻炼学生的视觉、听觉与动作的协调统一。

难点：保证游戏趣味性和学生的注意力集中。逐渐深入地锻炼学生的听觉运用能力。

4. 活动过程及策略

热身活动

①教师手执打击乐器，教学生一边念儿歌，一边敲击；学生一边模仿念读，一边模仿敲击动作。

②师生接龙，师敲击打击乐器，念读第一句儿歌；学生按节奏应答儿歌。

提示：熟悉儿歌后，让学生选择自己喜欢的打击乐器，试试发出声响。能力较好的学生可以一边敲击打击乐器，一边念儿歌。

发展活动

①教师分别出示双响筒、碰钟、鼓、沙锤的图形卡，让学生将图形卡与打击乐器实物及音色联系起来。

提示：教师可背对学生敲击打击乐器，学生听音色，找出对应的乐器图形卡，并大声说出乐器名称。另外请一名学生敲击任意打击乐器，其余学生找出相对应的图形卡，并大声说出乐器名称。（轮流进行）

②小小演奏家出示图谱卡，学生分别按节奏演奏自己喜欢的打击乐器，并为歌曲《铃儿响叮当》伴奏。

提示：一名学生一边按节奏敲击打击乐器，一边念读儿歌第一句；其余学生按节奏回答儿歌，并指出相对应的图形卡。

结束活动

让学生体验到积极情绪，巩固游戏成果。教师播放儿童歌曲《铃儿响叮当》，与学生一起唱歌、跳舞、伴奏，结束时将打击乐器放回指定位置。

提示：学生听教师的指令，按图谱卡练习打击乐节奏。和同伴合作，为儿童歌曲《铃儿响叮当》进行伴奏。教师可根据学生的能力水平，在前面活动的基础上选用恰当的延展活动，拓展学生的想象力、创造力及语言表达能力。

5. 活动效果评量

姓名：　　　　　　　　　　　　　　　　　出生年月：

实施时间：　　　　　　　　　　　　　　　负责老师：

阶段	活动	目标	形成性评量					评量方式	评量结果	通过与否	教学决定	备注
			1	2	3	4	5					
热身	暖嗓模仿敲击	引起学生兴趣										
		儿童学会念白儿歌										
		儿童模仿打击乐器的演奏动作										
发展	乐器与卡片配对	儿童能够仔细聆听各种打击乐器的不同音色										
		儿童能大声回答出听到的乐器名称										
		儿童能将听到的声音与打击乐器图形卡配对										
	为儿歌伴奏	儿童能按图谱卡有节奏地敲击打击乐器										
		儿童能与同伴合作，进行打击乐合奏										
		儿童能按节奏为儿歌伴奏										
结束	结束仪式	儿童能将打击乐器放回指定位置										

评量方式： a 操作，b 纸笔，c 问答，d 观察，e 指认，f 其他

评量标准： 1 完全未达到，2 少部分达到 25%，3 部分达到 50%，4 大部分达到 75%，5 完全达到

教学使用： P1 大量协助，P2 少量协助，M 示范提示，V 口头提示，G 手势提示

教学决定： C 继续，S 简化，P 扩充

通过与否： √ 通过，× 不通过

二、特殊儿童粗大动作发展音乐活动设计

（一）音乐与粗大动作

音乐往往通过旋律、节奏、力度、速度等元素体现出来，而这些差异与变化有许多是可以通过肌肉活动来感受的。音乐的节奏为特殊儿童提供了运动的动机，帮助他们学习走、跑、跳等动作。然而这些动作又会促进特殊儿童自我身体意识、平衡感、空间感、敏捷性、力量、方位感以及其他基本能力。音乐的本质是一种声音时间艺术，粗大动作可以按时间为依据，进行有顺序的运动。音乐的韵律感和愉悦感，能为儿童创造一个良好的运动康复环境，儿童可以唱着儿歌、做着根据运动康复目标改编的有节奏的韵律动作，既玩耍，又锻炼。

根据皮亚杰的儿童智能发展阶段理论，0~2岁属于感觉动作期。粗大肢体动作的发展对于处于这一动作期的儿童具有促进作用，这一阶段的幼儿学习能力是借由感觉器官和肢体动作的立即经验来学习。这时期可以进行音乐引导和训练儿童粗大的肢体动作的学习，如翻滚、坐姿、爬行、行走。手部的肌肉发展也可借由简单的乐器敲奏，如用手摇铃的摇晃来训练手部的抓握与肌肉发展。

（二）活动范例：皮球游戏（詹世英整理）

1. 活动目标

① 锻炼儿童粗大动作：姿势控制、腰部转动、全身协调能力。

② 引导儿童提高运动和游戏技能，提高解决问题的能力。

③ 引导儿童参与团体活动，获得归属感和成就感。

2. 活动准备

① 操场：柔软的草坪操场

② 用具：可躺卧的地垫、小皮球

③ 歌曲：音乐《土耳其进行曲》、儿歌《跑步进行曲》、奥尔夫音乐《节奏乐快与慢》。

3. 重点与难点

重点：借助小皮球，引导学生热身，自发调整身体，做出跑、走、举、扔、丢、接等大动作。

难点：保证游戏的趣味性，吸引学生积极参与。引导学生自己开动脑筋，想出很多传球的方法，开发身体动作。

4. 活动过程及策略

热身活动

学生和老师围成一个圆圈，老师准备一筐小皮球，进行热身运动。

① 动作引导：老师夸张地、有节奏地喊"××，接球"。呼喊的节奏作快慢变化，老师抛球的动作高低左右变化。学生调整自己的身体姿势，去接住球。

例：×　×｜×　×｜

　　小明，接球

　　×　××｜×　×｜

　　王小明，接球

提示：每个学生都要有一个球。鼓励言语表达困难的孩子说出"接球"等简单字词。

② 空间拓展：老师发出指令，请把球举到最高，弯下腰把球放到最低，把球放身体的中间，抱着球往左边走，往右边走。

③ 老师夸张地说："所有的球都变成了炸弹，赶快扔掉，越远越好。"看谁的球扔得最远。学生尽量拉伸自己的身体，把球扔出去。

④ 比一比谁最先送自己的皮球回家：学生跑出去捡球丢回球筐里。

提示：老师要根据学生的能力变化扔球的距离和力量，使学生慢慢地调整自己，并获得一些成就感。

发展活动

① 学生分成两个组，播放背景音乐《土耳其进行曲》。采用下面的方式进行比赛：

· 站着用手传球，比赛哪一组最快。

· 弯下腰叉开脚低下头，把球从脚中间传下去，比赛哪一组最快。

· 坐着传球，球从弯曲的膝盖下穿过，比赛哪一组最快。

提示：老师让学生自己说说可以怎么传递，相信学生可以想出很奇妙的方法。特殊儿童也特别喜欢用小动物来表现自己，借助动物的角色表演孩子们会乐此不疲。

② 播放音乐《跑步进行曲》，进行皮球50米迎面接力赛。

比赛规则：学生分成两组，每组分成两队，分别站在各自的跑道上，两队相距50米，当音乐响起时，各组成员跑起来，并把球传给下一个同学，以各组最后一名同学把球送回筐子里为胜利。比一比哪一组的皮球最先回到筐子里。

提示：老师要做积极的点评，让所有学生都觉得自己表现得很不错，调动身体运动的积极性。

③请学生思考小动物们会怎么传球，鼓励所有的学生都想出不同的方法。如：

• 像小兔子一样传球，跳着把球传下去。

• 像小乌龟背房子一样传球：趴下的姿势，把球放在背上，慢慢地爬到终点，尽量不让球从背上滚下来。

提示：鼓励并肯定学生的想法和创意，帮助学生将自己的想法用动作表达出来。

结束活动

①播放背景音乐《节奏乐快与慢》。

②老师和学生一起搬起小板凳，排成一列，戴上可爱的蚂蚁头饰。

③分工：第一只小蚂蚁弯腰取食物（小皮球），并递给后面的蚂蚁，依次传递食物，最后一只蚂蚁守在洞口，爬行着将食物运进洞里，算作成功。

④完成任务后老师和孩子们拥抱在一起，祝贺他们胜利完成。

提示：老师根据班级学生的动作发育情况合理分工，促进学生动作能力发展。

5.活动效果评量

姓名：　　　　　　　　　　　　出生年月：

实施时间：　　　　　　　　　　负责老师：

阶段	活动	目标	形成性评量					评量方式	评量结果	通过与否	教学决定	备注
			1	2	3	4	5					
热身	热身运动	能调整身体，尽量接住球										
		能通过使球置于不同的空间，拉伸自己的身体										
		能听从指令，跑动，收回球										
发展	小组传球	能在小组内以站姿协作传球										
		能在小组内以坐姿协作传球										
		能在小组内以躺姿协作传球										
	拓展传球	能以接力赛形式协作传球										
		能模仿小动物的动作姿势传球										
结束	蚂蚁搬家	能按分工完成自己的传递任务										

评量方式：a 操作，b 纸笔，c 问答，d 观察，e 指认，f 其他
评量标准：1 完全未达到，2 少部分达到 25%，3 部分达到 50%，4 大部分达到 75%，5 完全达到
教学使用：P1 大量协助，P2 少量协助，M 示范提示，V 口头提示，G 手势提示
教学决定：C 继续，S 简化，P 扩充
通过与否：√通过，× 不通过

三、特殊儿童精细动作发展音乐活动设计

（一）音乐与精细动作

精细动作指的是手、眼睛、脸及嘴部肌肉等的运动。儿童精细动作的发展主要以手部的动作发展为主。儿童精细动作的发展还要注意手和眼的协调能力。手部运动的发展对儿童完成任务具有重要的意义，教师和家长可以根据儿童的需要，编排手指律动操或手臂律动操。

音乐活动可以涉及精细动作的抓、握、翻揭、搓揉、撕扯、夹取、撕扯、旋开、提取、捻压、折叠、捆缚等写字、绘画和生活自理中需要用到的精细动作。演奏乐器时，都可以促进特殊儿童练习精细动作的控制能力，从而促进他们学习技能的发展。

（二）活动范例：手指操（杨梅整理）

1.活动目标

①发展学生的精细动作（如手指的伸展、弯曲等）。

②学生能根据歌曲的节奏、情绪及歌词内容，基本协调地进行音乐游戏。

③学生能准确地演唱歌曲《手指游戏》，并快乐地进行表演。

2.活动准备

①游戏治疗室：25~30 平方米，室内装饰简单柔和，不宜太有刺激性，内有坐垫等。

②柔软、便于活动的服装。

3.重点与难点

重点：保证游戏趣味性和特殊学生的注意力集中。多种活动形式，促进特殊学生手指精细动作发展。

难点：吸引儿童的注意力，激发特殊学生的兴趣，使学生的每根手指得到充分的锻炼。特殊学生能正确地演唱歌曲，快乐地进行表演游戏。

4. 活动过程及策略

热身活动

播放音乐，学生随节奏做手指操，活动手掌、手指各关节。

提示：教师带领学生配合音乐练习动作，掌握动作要领，达到锻炼效果。可播放手指操音乐《真善美的小世界》。

发展活动

①音乐手指游戏《大拇哥》，听儿歌《大拇哥》，学生与教师演唱歌曲，跟随音乐做手指动作。

提示：教师随音乐先示范演唱，并做相应手指动作。然后，教师念歌词、示范，学生学习每个手指的动作。再由教师和学生一起念歌词、做动作。最后教师鼓励学生随歌曲做动作，同伴间互相表演。

②学习歌曲《手指游戏》，学生结合歌词内容，进行手指屈伸练习。教师出示歌谱，并教学生演唱歌曲。学生采用听唱法模仿唱歌曲，同时配合歌词进行手指弯曲、伸展动作。然后儿童演唱歌曲，教师用手指配合表演；教师演唱歌曲，学生用手指配合表演。

提示：学生熟悉歌曲后，可随伴奏一边演唱，一边进行歌表演，能力好的学生可以左右手轮换，强化分清左右手。如果学生不能单手控制进行屈伸动作，可以另一只手帮助或是教师帮助。

结束活动

学生猜拳"剪刀、石头、布"，分成两组，配合接唱歌曲《手指游戏》。

提示：可以采用分组歌曲接唱，或者一组学生演唱歌曲，一组学生律动表演，第二遍两组交换等形式。

大拇哥

大拇哥，二拇弟，

三姐姐，四小弟，

小妞妞，来看戏。

手心、手背，

心肝宝贝。

动作指导

大拇哥（伸出两手拇指）

二拇弟（伸出两手食指）

三姐姐（伸出两手中指）

四小弟（伸出两手无名指）

小妞妞（伸出两手小指）

来看戏（两手拇指和食指做出圈状，放在眼前转一转）

手心、手背（伸出两手手掌，先手心向上再向下）

心肝宝贝（两手交叉放胸前）

5.活动效果评量

姓名：　　　　　　　　　　　　　　出生年月：

实施时间：　　　　　　　　　　　　负责老师：

阶段	活动	目标	形成性评量					评量方式	评量结果	通过与否	教学决定	备注
			1	2	3	4	5					
热身	动作模仿手指操	吸引儿童兴趣										
		能模仿教师的动作										
		能准确地随音乐做动作										
发展	音乐游戏	能随音乐做动作										
		能随音乐演唱儿歌										
		能随音乐一边唱儿歌一边做动作										
	手指游戏	能准确演唱歌曲										
		能灵活地完成手指动作										
		能一边演唱一边做动作										
结束	结束阶段	乐于和同伴配合进行唱游活动										

评量方式：a 操作，b 纸笔，c 问答，d 观察，e 指认，f 其他

评量标准：1 完全未达到，2 少部分达到 25%，3 部分达到 50%，4 大部分达到 75%，5 完全达到

教学使用：P1 大量协助，P2 少量协助，M 示范提示，V 口头提示，G 手势提示

教学决定：C 继续，S 简化，P 扩充

通过与否：√通过，× 不通过

四、特殊儿童生活自理音乐活动设计

（一）音乐与生活自理

生活自理能力决定特殊儿童的生活品质，对于他们来说至关重要。与生活自理相关的素材，多来源于低幼儿童音乐活动设计。

孩子的生活离不开音乐，在很多生活场景中，音乐可以作为背景营造一种温馨的氛围。对于生活技能的学习，可以运用工作分析把烦琐的步骤分解，编成顺口溜、歌谣等，让孩子在吟唱中学习。孩子学会后，在日常生活中，也可以边做活动，边唱歌谣，让生活随时充满音乐。

（二）活动范例：叠被子（詹世英整理）

1.活动目标

① 训练特殊学生叠被子的技能，培养就寝好习惯。

② 培养学生努力做好力所能及的事情，不怕困难，体验成功感。

2.活动准备

① 学生寝室或者家政室

② 每个学生一床小花被

② 童谣《叠被子》

3.重点与难点

重点：训练学生一步一步地掌握叠被子的步骤。引导学生养成良好的叠被子习惯。

难点：所选儿歌难度适合，情景创设有趣，能吸引学生的注意力。将步骤分解后用儿歌的形式训练，引导学生一步步地掌握。

4.活动过程及策略

热身活动

老师带学生进寝室检查叠被子的情况，对学生叠被子情况一一做点评，并告知学生今天老师要教大家学习叠被子。

提示：这项训练应该加入每天的自理能力课程，直到学生可以完全独立完成。

发展活动

① 老师一边念《叠被子》儿歌，一边教学生叠被子。

童谣：小花被真漂亮，先把长边折中间。盖头盖脚一起折，整整齐齐放床上。

提示：被子的重量要适合学生的力量，实物操作时才不会有力量上的难度。

② 每个学生打开自己的被子。教师示范并讲解叠被子方法。

儿歌：小花被真漂亮。

动作：把棉被摊开。

儿歌：先把长边折中间。

动作：先沿长边对折出一条中线，打开后再沿长边从外向里比齐中线对折，两个长边各折一次，用手压一压。

儿歌：盖头盖脚一起折。

动作：找到棉被的中间，用手压一压，再把两头往中间比齐刚刚压好的中间线对折，接着两头压在一起。

儿歌：整整齐齐放床边。

动作：四边稍微整理，变得整整齐齐的，放在床头。

提示：找叠得好的学生先尝试，可以起到示范作用。对于手部不方便的孩子，老师要适当协助，帮助孩子完成任务，获得成就感。用简笔画和数字等直观提示的方式示范对重度障碍学生有较好的效果。

③ 重复教学。老师放慢速度，每个步骤都让学生慢慢操作。

提示：老师要注意班级中每个学生的学习情况，给每个学生足够的时间模仿和操作，必要的时候，教师可以给予帮助。

④ 同学之间互助，请已经学会的同学一边念儿歌，一边教不会的同学。

提示：教师可以鼓励能力好的同学，当小老师，去教需要帮助的同学。

⑤ 依次请所有的学生一边唱着儿歌，一边叠被子。

提示：教学后，让同学们复习巩固本节课学的叠被子童谣，并再练习一遍叠被子。

叠被子

小花被真漂亮，

先把长边折中间。

盖头盖脚一起折，

整整齐齐放床边。

结束活动

① 老师总结与鼓励：以后我们每天起床后都比一比，看看谁的小被子叠得好。

② 一起背一背儿歌，看谁记得住。给予表扬。

提示：学生获得奖励（如老师的口头表扬、小贴纸等奖励品），体会到开心。老师和家长要保持一致的要求：一定要提醒学生坚持每次起床后叠被子，保持良好的习惯。

5. 活动效果评量

姓名：　　　　　　　　　　　　　出生年月：

实施时间：　　　　　　　　　　　负责老师：

阶段	活动	目标	形成性评量					评量方式	评量结果	通过与否	教学决定	备注
			1	2	3	4	5					
热身	情景激趣环节	能判断自己叠的被子是否整齐										
		能调整准备状态，愿意主动跟着学习叠被子										
发展	叠被子环节	能有意识地学习叠被子步骤										
		能记住叠被子一个以上步骤										
		能在老师引导和协助下完成叠被子										
结束	小结	在老师的鼓励下，能保持叠被子的习惯										

评量方式：a 操作，b 纸笔，c 问答，d 观察，e 指认，f 其他
评量标准：1 完全未达到，2 少部分达到25%，3 部分达到50%，4 大部分达到75%，5 完全达到
教学使用：P1 大量协助，P2 少量协助，M 示范提示，V 口头提示，G 手势提示
教学决定：C 继续，S 简化，P 扩充
通过与否：√通过，× 不通过

五、特殊儿童沟通发展音乐活动设计

（一）音乐与沟通发展

沟通是一种非常重要的手段，良好的沟通能力对孩子成长很重要。但特殊儿童，特别是自闭症儿童，往往遭遇沟通障碍。

音乐活动中可能涉及很多培养孩子沟通交往的活动，例如乐器合奏、交换乐器演奏、集体舞等。儿童能通过音乐抒发情感、平复情绪、处理与他人的冲突。儿童可以通过参加休闲娱乐活动，如广场休闲活动、观看演出等，增加与

外界的接触，与他人互动，开阔眼界。教师在教学活动中，积极创设学生合作、协商完成音乐活动的机会，可以让孩子们体验共同完成任务，学会遇到困难时向他人求助等。

（二）活动范例：沟通发展（杨梅整理）

1. 活动目标

① 发展特殊学生与同伴的沟通交往能力。

② 能根据歌曲，学生主动参与音乐表演，动作基本协调。

2. 活动准备

① 游戏治疗室：25~30平方米，室内装饰简单柔和，不宜太有刺激性，内有坐垫等。

② 柔软、便于活动的服装。

3. 重点与难点

重点：与同伴合作，主动参与音乐游戏活动。能较为准确地演唱歌词，表演动作协调。激发快乐的情绪，巩固学习内容，促进学生间的沟通交流。

难点：学生能认真聆听音乐，并正确地演唱歌曲。学生能根据游戏规则，参与游戏活动，快乐地与同学做游戏。

4. 活动过程及策略

热身活动

教师与学生唱《问好歌》逐一问好，并配合手指动作，拉钩问好。

提示：在教师歌唱配动作的引导下，学生一边与教师问好，一边拉钩互动。

发展活动

① 进行音乐游戏《找朋友》。

学生学习演唱歌曲《找朋友》，并按游戏规则，一边演唱，一边和同伴表演、互动。

教学步骤：学生采用听唱法学唱歌曲《找朋友》；学生围成圆圈，教师示范演唱歌曲《找朋友》，并配合歌曲做找朋友动作；学生演唱歌曲，与身边的同伴一边演唱，一边做找朋友动作；学生齐唱歌曲，进行找朋友游戏（由一名儿童开始找一名朋友，再发展为这两名学生个各自再找一名朋友，以此类推，直到所有同学加入音乐表演中）。

② 进行音乐游戏《我的朋友在这里》。

听歌曲《我的朋友在这里》，随音乐踏步，当听到"我的朋友"一句时停止踏步，与同伴击掌。

提示：教师与一名同学示范游戏规则。儿童聆听音乐，当听到指定乐句时拍手。学生随音乐踏步，听到指定乐句时拍手。当音乐响起时，学生踏步任意走动，当听到指定乐句时，同伴间面对面站立，互相击掌。

结束活动

播放音乐《找朋友》，学生和教师一边大声歌唱，一边快乐地参与音乐游戏。

提示：教师可根据儿童的能力水平，在前面活动的基础上鼓励学生自由发挥，用自己的律动动作表现歌词。比如随歌曲《我的朋友在这里》，学生自由踏步，当听到"我的朋友"一句时，与最近的同伴进行击掌、转圈、点头等，音乐响起时再次寻找新的朋友。

5. 活动效果评量

姓名：　　　　　　　　　　　　　　　出生年月：

实施时间：　　　　　　　　　　　　　负责老师：

阶段	活动	目标	形成性评量					评量方式	评量结果	通过与否	教学决定	备注
			1	2	3	4	5					
热身	暖嗓练习	学生感兴趣										
		能与教师配合演唱问好										
		能与教师拉钩问好										
发展	音乐游戏	能准确演唱歌曲										
		能快乐地参与音乐游戏										
		能按规则一边演唱一边游戏										
	音乐游戏	能聆听音乐										
		能按要求听到指定乐句做动作										
		能按要求与同伴合作表演										
结束	结束阶段	乐于和同伴、老师合作表演										

评量方式： a 操作，b 纸笔，c 问答，d 观察，e 指认，f 其他

评量标准： 1 完全未达到，2 少部分达到 25%，3 部分达到 50%，4 大部分达到 75%，5 完全达到

教学使用： P1 大量协助，P2 少量协助，M 示范提示，V 口头提示，G 手势提示

教学决定： C 继续，S 简化，P 扩充

通过与否： √通过，× 不通过

六、特殊儿童认知发展音乐活动设计

（一）音乐与认知发展

儿童的认知能力包括感知觉能力、注意力、记忆力、问题解决能力以及推理能力等。音乐可以吸引儿童的注意力，并逐步促进儿童有意注意的发展；促进儿童的听觉能力发展，在培养儿童听觉能力的基础上促进儿童听觉记忆力发展；通过给儿童提供想象的空间，从而影响儿童想象、联想等思维能力的发展。同时，儿童认知能力的发展也能促进儿童音乐学习。

（二）活动范例：认知发展（杨梅整理）

1. 活动目标

① 能将小动物名称与图片、音响或动作进行配对。

② 能根据歌词内容，模仿教师动作进行律动表演，动作基本协调。

③ 积极主动参与律动表演，体验音乐表演的快乐。

2. 活动准备

① 游戏治疗室：25~30 平方米，室内装饰简单柔和，不宜太有刺激性，内有坐垫等。

② 小动物图片卡、小动物头饰。

3. 重点与难点

重点：

① 保证游戏趣味性和特殊学生的注意力集中。

② 能将小动物名称与动物叫声或动作进行配对

③ 能随音乐进行简单的律动，动作协调，形象模仿小动物。

难点：

① 学生能用正确的口型发声、吐字，与教师配合，随音乐有节奏地演唱儿歌。

② 学生能随歌曲有节奏地进行律动。

③ 学生能选择自己喜欢的动物角色参加表演活动。

4. 活动过程及策略

热身活动

暖嗓练习，模仿小猪、小牛、小鸭的叫声。

提示：播放歌曲《在农场里》，教师将歌词内容编成小故事讲给学生听。出示儿歌图谱，按节奏演唱，模仿小动物的叫声。

发展活动

① 配对游戏：请学生在小猪、小牛、小鸭三种动物卡片中选出一张，说说是什么动物，模仿它们的叫声或是动作。

提示：可以与暖嗓练习配合，提高学生认知的兴趣。

② 歌曲表演《在农场里》：学生学会演唱歌曲，并能随音乐节奏进行律动表演，还能选择扮演喜欢的小动物角色。

提示：学生认真倾听歌曲《在农场里》有哪几种小动物，它们的叫声是怎样的。学生采用听唱法跟随教师一起学唱歌词；师生采用接唱的方式练唱歌曲。教师示范律动，学生一边模仿，一边演唱。学生自由选择头饰，分别说说自己扮演的是什么小动物，随音乐进行歌曲表演。

结束活动

出示更多的动物头饰，说说动物的名称、叫声、动作等。

提示：学生听歌曲中出现的动物叫声，说出动物名称，在动物卡片中找出来并大声地告诉小伙伴。说对了，就将动物头饰给他佩戴上。教师可根据学生的能力水平，在前面活动的基础上鼓励学生快乐地参与更多的音乐表演。

5. 活动效果评量

姓名：　　　　　　　　　　　　　　出生年月：

实施时间：　　　　　　　　　　　　负责老师：

阶段	活动	目标	形成性评量					评量方式	评量结果	通过与否	教学决定	备注
			1	2	3	4	5					
热身	暖嗓练习	有兴趣参与活动										
		能按节奏演唱儿歌										
		能形象地模仿小动物的叫声										

续表

阶段	活动	目标	形成性评量					评量方式	评量结果	通过与否	教学决定	备注
			1	2	3	4	5					
发展	配对游戏	能将小动物的名称与图形配对										
		能将小动物的名称与叫声配对										
		能将小动物的名称与动作配对										
	歌曲表演	能准确地随音乐演唱歌曲										
		能听辨歌曲内容										
		能自主选择角色进行表演										
结束	结束阶段	有主动认知的意愿										

评量方式：a 操作，b 纸笔，c 问答，d 观察，e 指认，f 其他
评量标准：1 完全未达到，2 少部分达到 25%，3 部分达到 50%，4 大部分达到 75%，5 完全达到
教学使用：P1 大量协助，P2 少量协助，M 示范提示，V 口头提示，G 手势提示
教学决定：C 继续，S 简化，P 扩充
通过与否：√通过，× 不通过

七、特殊儿童社会技能发展音乐活动设计

（一）音乐与社会技能发展

在社会性的音乐活动中，特殊儿童可以自由地根据自己的能力水平决定自己参与的程度。特殊儿童通过观看社会性的音乐活动，能了解社会规则，增加社会对其的接纳程度。家长应带领儿童参加社会性的音乐活动，如生日聚会、节日庆典、各种仪式等，可在参加类似的社会活动前，让儿童预习此类活动可能遇到的代表性音乐或舞蹈等，帮助他们建立对应的联结。教师和家长也可以将社会规则和注意事项变成朗朗上口的儿歌，配上合适的动作，帮助儿童记忆和理解这些社会规则。

（二）活动范例：社会技能（杨梅整理）

1. 活动目标

① 能将音乐与社会生活相联系，掌握一定的社会生活技能。

② 能根据歌词内容，进行歌表演，动作基本协调。

③ 积极参与游戏活动，遵守游戏规则，掌握生活中按红绿灯指示过马路的技能。

2. 活动准备

① 游戏治疗室：25~30 平方米，室内装饰简单柔和，不宜太有刺激性，内有坐垫等。

② 图片：代表红灯的红色小人站立图片，代表绿灯的绿色小人行走图片，街景中车行红绿灯的图片，街景中人行红绿灯的图片。

3. 重点与难点

重点：

① 学生能随歌词内容进行简单的歌表演，动作协调。

② 学生能将音乐中表现的内容与生活实际相结合。

③ 学生在游戏活动中，辨别红绿灯，知道何时该通过，何时该等待。

难点：

① 吸引学生的注意力，激发学生的兴趣，通过念白儿歌，营造学习氛围。

② 发展学生的听觉与动作协调能力，能按音乐的要求控制动作。

③ 学生能将学到的内容迁移到生活环境中。

4. 活动过程及策略

热身活动

暖嗓练习，唱儿歌《大马路宽又宽》。

提示：老师让学生仔细聆听儿歌中有哪些内容，教并引导学生正确念白儿歌。

发展活动

① 玩音乐游戏走走停停。

提示：学生听音乐，当听到快的音乐时，自由走动，当音乐停止时，原地站立不动。

② 听歌曲《红眼睛，绿眼睛》，学生理解歌词内容，正确演唱歌曲，一边演唱一边进行歌表演。

提示：教师示范唱歌曲《红眼睛，绿眼睛》并进行歌表演，学生仔细聆听歌词内容。教师和学生齐唱歌曲，并随音乐节奏自由律动。教师带领学生学做动作，进行歌表演。

结束活动

做音乐活动《过马路》。

①老师出示街道实景图片，给同学们讲解马路上有指挥车辆的红绿灯，也有指挥行人的红绿灯，它们是不同的信号灯。

②老师给同学们讲解红绿灯不同状态下，行人和车辆该如何正确通过。

提示：

①播放儿歌童谣《马路上的车》，营造活动氛围。

②教师根据音乐《快与慢》的不同速度，分别出示代表红灯的红色小人站立图片，代表绿灯的绿色小人行走图片，学生根据不同信号灯行走和停止。

③一名学生给信号指令，分别出示红绿灯，其余学生按要求通行。

教师可根据学生的能力水平，在前面活动的基础上选用恰当的延展活动，拓展学生的语言表达能力、生活适应能力。

大马路宽又宽

大马路 宽又宽，行人道 在两边，

警察叔叔中间站，指挥交通保安全。

过马路 要看灯，各种颜色要看清，

红灯亮了等一等，绿灯亮了往前行。

安全过马路

大马路真热闹，过路办法我知道：一定要走人行道。

红灯亮停一停，绿灯亮大步行，

如果没有人行道，过天桥走地道，千万别怕把路绕。

5. 活动效果评量

姓名：　　　　　　　　　　　出生年月：

实施时间：　　　　　　　　　负责老师：

阶段	活动	目标	形成性评量					评量方式	评量结果	通过与否	教学决定	备注
			1	2	3	4	5					
热身	儿歌暖嗓	学生有兴趣参与活动										
		学会念白儿歌										
		理解儿歌内容										

续表

阶段	活动	目标	形成性评量					评量方式	评量结果	通过与否	教学决定	备注
			1	2	3	4	5					
发展	音乐游戏	能够听辨不同速度的音乐										
		能按音乐的不同提示做动作										
		能按音乐指令做出正确的动作										
	学唱歌曲	能正确演唱歌曲										
		能参与歌曲表演										
		能理解歌词内容										
结束	结束阶段	能根据信号灯的指示过马路										

评量方式：a 操作，b 纸笔，c 问答，d 观察，e 指认，f 其他
评量标准：1 完全未达到，2 少部分达到 25%，3 部分达到 50%，4 大部分达到 75%，5 完全达到
教学使用：P1 大量协助，P2 少量协助，M 示范提示，V 口头提示，G 手势提示
教学决定：C 继续，S 简化，P 扩充
通过与否：√通过，× 不通过

本章参考文献：

[1] 林鸿平.乐理·视唱·练耳 [M].3 版.上海：复旦大学出版社，2015.

[2] 陈惠龄.幼儿音乐律动教学 [M].台北：华腾文化，2012.

[3] 黄丽卿.创意的音乐律动游戏 [M].2 版.台北：心理出版社，2009.

[4] 张乃文.儿童音乐治疗：台湾临床实作与经验 [M].台北：心理出版社，
    2004.

[5] 教育部基础教育课程教材专家工作委员会.义务教育音乐课程标准解读：
    2011 年版 [M].北京：北京师范大学出版社，2012.

[6] 张馨，张文禄.音乐元素与特殊儿童教育干预 [M].上海：上海音乐出版社，
    2014.

[7] 刘晶秋.自闭症儿童的音乐疗法 [M].北京：科学出版社，2015.

[8] 沈剑娜.培智课程开发与教学活动方案：唱游与律动（小学版）[M].重庆：
    重庆出版社，2011.

[9] 张馨，张文禄.特殊儿童游戏化音乐活动 60 例 [M].上海：上海音乐出版社，
    2009.

[10] 陈淑琴.幼儿游戏化音乐教育特级教师教案集 [M].上海：上海社会科学院
     出版社，2002.

[11] 胡世红.特殊儿童的音乐治疗 [M].北京：北京大学出版社，2011.

[12] 张文京.特殊儿童早期干预理论与实践 [M].重庆：重庆出版社，2010.

[13] 杨立梅，蔡觉民.达尔克罗兹音乐教育理论与实践 [M].上海：上海教育出
     版社，2011.

[14] 高天.音乐治疗导论 [M].北京：世界图书出版公司，2008.

[15] 陈洛婷.音乐治疗临床实务 [M].新北：全华图书股份有限公司，2015.

[16] 黄瑾.学前儿童音乐教育 [M].上海：华东师范大学出版社，2006.

[17] 黄荣真.特殊需求儿童音乐教学活动 [M].台北：心理出版社，2008.

第三章

特殊儿童美术活动设计与指导

美术创作对儿童而言是一个极富创造的过程，是用非文字语言来表达体会和感受。美术活动所提供给儿童的经验是其他途径所不能替代的，因为美术是最容易被采用也是相对比较简单的活动，它是最经济的形式之一，可以为儿童的表达提供更大的可能性。

当年幼的孩童拿起一支蜡笔或者刷子，他们就迈出了在美术表达创作上做出选择的第一步。如果我们给予儿童的环境是温暖、宽松、自由和安全的，他们会开心地放松情绪，对各种事情产生新颖的想法，并使用多种工具、材料进行美术创作。参与的美术活动越多，儿童越能把包含个人情感、认知意识和感官印象的艺术表现发展得更富有意义，并运用这些表现与他人交流，发展个人能力。如果儿童在美术活动和美术作品中展现出来的特性早于或晚于预期的时间，或是如果孩子因身心障碍而阻碍了美术方面的艺术发展，我们就有必要在美术活动方面做一些调整，好让这些孩子能通过美术活动，意识到自我的潜能，并发展自己的能力。

本章将重点探索美术对特殊儿童教育康复的意义和作用、特殊儿童美术活动设计的目标与方法等。

第一节　特殊儿童与美术活动

一、美术与美术活动

美术是人类艺术文化中极具代表性的一种。参与美术活动，可以提高儿童对美术形式和内容的了解，促进认知经验、语言表达、情感涵养、动手操作等各方面发展。

（一）美术的含义

美术起源于人类对自然的模仿，起源于过剩精力的使用，还起源于人类表现和交流情感的需要，而这些观点伴随时代和社会进步，慢慢演化成为儿童美术的重要理论基础。

在艺术分类中，美术又被称为造型艺术、视觉艺术、空间艺术等。它是创作者运用一定的物质材料，如颜料、纸张、画布、泥土、石头、木料、金属等，塑造可视的平面或立体的视觉形象，以反映自然和社会生活，表达创作者的思想观念和感情的一种艺术活动。

美术的形式根据不同的标准可以划分为不同的类别，有涂鸦、绘画、拼贴、拓印和造型等。其中，绘画是美术中最常见的形式，也是其他美术形式共有的基础。它指运用线条、色彩和形体等艺术语言，通过造型、设色和构图等艺术手段，在二维空间（即平面）里塑造出静态的视觉形象，以表达作者审美感受。

人类先有图画后有文字，儿童也是先学绘画再学文字。一幅图画胜过千言万语，因为图画传递的信息比语言更丰富。图画是最简单、最直接表现个体内心世界的方法。个体的任何一个涂鸦、画幅的大小、用笔的轻重、空间配置、颜色、构图等都有着特定的代表意义，都在传递个体的独特信息。

美术本身具有表达、释放、重建和升华三个方面的功能。首先，美术创作是一种投射技术，能够反映人们内在的、潜意识层面的信息。其次，在美术创作过程中，个体能够被引导去充分表达与释放，缓和情感上的冲突，增加对自我的了解，减少压力与焦虑，达到心理上的和谐与完善。最后，通过美术创作，还可以帮助个体重建和升华，提升自尊和自信，提高创造力，改变对生活的态度，并尝试创造性地解决生活中的问题。

（二）美术与儿童

1. 美术与儿童的关系

儿童的美术创作标志着儿童个体发展的程度。正如罗恩菲尔德的观点，儿童美术能力的发展有顺序性和阶段性，如同婴儿"三翻、六坐、八爬"的生理规律一样，儿童美术能力的发展也要经过1岁半左右的涂鸦阶段，到3岁左右的象征阶段，再到5岁前后的图式阶段，最后到8岁以后的写实阶段。每一阶段各有其典型的表现，并且和身心的发展相符，因此每一阶段的表现内容和能力状态是既定的。透过儿童的绘画作品，我们可以了解儿童的个体发展程度，比如此时的感觉、记忆、认知、思维等状态，肌肉协调性、操作能力、控制能力等发展水平，从而客观合理地对待他们的行为与表现。

美术创作是儿童学习、认识世界的另一种语言。儿童天生喜欢绘画，原因之一是他们可以通过绘画来进行表达。儿童早期的绘画作品，常常是不完整的图形，杂乱的线条，以及缺乏组织的画面，如同牙牙学语的孩子，发音、吐字模糊而又不完整。但对儿童来说，这就是他们最初的美术语言。当儿童得到更多鼓励、教导和帮助，他们会慢慢擅长此种表达，并乐于用这种方式表达思想、宣泄情感、激发想象，创造自己的多彩世界。成人可以通过儿童的画解读他们的思考与内心，走近他们的生活体验。因此，我们要把儿童的画当作一种语言来解读，而不是仅仅苛求其绘画的效果。

美术是儿童接受审美教育的重要途径。儿童所创造表达的往往不是对真实世界的客观反映，他们喜欢通过夸张的形象传达对所经历事物的感受，根据生活经验联想创造出虚构的形象或场景，同时还会自发地把生活中的事物加以排列组织、装饰或美化，因此具有了独特的美感。在这个过程中，儿童也接受了审美的教育。

美术是统合儿童个性与社会性，促进儿童身心健康和谐发展的有效途径。儿童的表达创作是纯真心态的自然流露，是自我思想表现的一种形式，包含着他们的情感变化，充分体现了他们的个性。美术以其独特的方式发展和完善了儿童的内心，对儿童的发展起着重要的作用。

2. 儿童美术的特点

陆雅青对儿童美术的发展特点做出如下总结：

①儿童美术显现的特征随年龄而改变，其复杂程度与作品的整体性，均随年龄的增加而增长。

②儿童倾向于夸张或省略艺术作品中最具意义的部分，其作品反映出儿童生活经验与情感世界的内容。

③儿童在学龄前后几年的创作强调样式性表现，以后便逐渐扩展到写实具象表现。

④儿童的绘画反映出其生理的发展，如画中细节的分化程度与其直觉上的成熟度有关，而涂鸦期的线条表现也与其骨骼、肌肉的发育情形、手眼协调等发展息息相关。

⑤不同素材与表现法有满足儿童不同目的的趋势，如描绘较利于传达观念，

而彩绘则利于情感的抒发。

⑥儿童所使用的形式、色彩与构图与其人格及社交发展有关。

⑦虽然环境为影响学习的要素之一，但是生活在不同文化氛围中的孩子，尤其是学龄前的幼儿，其所创作出来的视觉形式十分类似。

⑧绘画技能的自然发展约在青少年期趋于停止。

⑨在迈向成熟的过程中，存在着不同程度的个体差异性。

⑩美术作为一自我表达的方式，赋予意念一个视觉的形式。

⑪美术为人类的象征系统之一，我们经由对人类学、社会学、心理学、艺术教育、艺术史、美学及对艺术品的研究，才能对儿童美术有更深一层的认识。

严虎对儿童美术（绘画）的特点也做出总结：

①儿童的美术创作有非凡的想象力。儿童思维处于情境知觉阶段，喜欢用拟人化的方式来创作，往往把无生命的物体和有生命的动植物画得和人一样，不仅赋予它们生命，还赋予它们一切人所具有的特点和本领，使画面显得生机盎然。

②儿童的美术创作常不自觉地对自己的感觉和情感加以强调和夸张。儿童运用自己本身的主观经验，不拘泥于物体固定的外在结构形式，大胆地对其进行改变，强调和夸张地表现出来。

③儿童的美术创作具有概括性。儿童创作的意象是模糊化了的影像，当儿童依靠意象创作时便无法抓住物体的清楚形态，加上表现力不足和手指肌肉发育的不健全，他们便只能用简单的抽象概括形式来表现心目中的形象。

④儿童进行美术创作会使用一些特殊的表达技巧，如 X 光线式透明画法、地平线式、平面和空间表现无立体空间感等。

这些表达技巧都受限于儿童当下的身心发展。随着儿童认知水平的提高，儿童会逐渐改变这些表达方式。

（三）儿童美术能力的发展

儿童美术活动中最主要和最常见的就是绘画活动，其他的美术操作活动在发展阶段也都基本平行于绘画，因此，本书将重点介绍儿童绘画能力发展的阶段，以点带面揭开儿童美术能力发展的面纱。

儿童绘画能力的发展有顺序性和阶段性，国内外众多学者都对儿童绘画能力的发展进行过研究，并归纳出不同的绘画发展阶段。其中，最具代表性的是罗恩

菲尔德的儿童绘画发展阶段理论，该理论与皮亚杰提出的儿童认知发展规律基本
一致（见表 3-1）。

表 3-1　皮亚杰的儿童思维与罗恩菲尔德的美术发展阶段对照表

大致年龄	儿童认知发展（皮亚杰）	儿童美术发展（罗恩菲尔德）
0~2 岁	感觉运动期：婴儿的行为取决于反应能力，按习惯行动，不能在大脑中唤起非眼前的物体。抓握、抚摸以及其他动觉和感觉活动有助于思维的发展。	准备期：美术始于感觉、与环境的首次接触和儿童对这些感觉经验作出的反应。触摸、感受、看、抚弄、听、嗅是美术活动的基本背景。
2~4 岁	前运算期—象征思维阶段：出现象征符合机能，因而能够凭借意义对意义所指的客观事物加以象征化。出现如下行为模式： ① 延迟模仿——模特消失后的模仿。 ② 象征性游戏——伪装和假扮等游戏。 ③ 绘画——游戏般的愉快练习。	涂鸦期：是所有感觉对外在世界的综合形象，透过心理及大、小肌肉的活动而自由表现。 ① 随意涂鸦——未分化涂鸦，满足动觉经验。 ② 控制涂鸦——手眼的协调性加强。 ③ 圆形涂鸦——重复涂鸦，并用来表现一切事物。 ④ 命名涂鸦——认识到绘画与外界之间的关系，受外界象征符号启发而命名，初步的手眼脑整体协调。
4~7 岁	前运算期—直觉思维期：开始从表象思维向运算阶段发展，但判断仍受直觉表象自动调节的限制，突出特点是自我中心思维。	前图式期：以自我为中心观察现实生活，画面形象呈几何形组合，透明或 X 光画表示所知的存在；为表现自己的感觉，常夸张重要的，忽略次要的。
7~9 岁	具体运算期：形成了初步的运算结构，获得反演可逆性与互反可逆性，但仍离不开具体事物表象的支持，发展了解除中心化作用，即开始能站在别人的立场上看问题。	图式期／写实萌芽期：用几何线条的图示来表现视觉对象，并重复出现，但有时会因特别经验而改变，画面有明确的空间秩序。 ① 基底线和天空线出现。 ② 空间的表现呈现多样，有基底线、展开法、X 光透视法、鸟瞰法或时间和空间的再现法等。 ③ 有意改变已发展出来的固定图式，以强调和夸大心中认为重要的部分，或印象深刻的经验。 ④ 开始发展出使用颜色的固有色概念。
9~11、12 岁		写实主义期：脱离了几何线条的程式图式，转向自然描绘，出现透视，能表现重叠形式，线条更具现实性。 ① 图式表现更精细。 ② 颜色使用较为弹性和丰富，可以辨识颜色的差异变化。 ③ 空间表现更明确。
11、12~15 岁	形式运算期：开始从具体事物中解放出来，在头脑中区分形式和内容，运用语词或符号进行抽象逻辑思维。	拟似写实期：从自发的艺术活动过渡到理性活动，注意比例、明暗、透视等，试图精确地表现实物，自我批评能力增强。 ① 出现描述细节的人画像。 ② 美术表现日趋复杂。 ③ 出现性别的兴趣差异。

罗恩菲尔德的儿童绘画发展阶段理论可作为广泛性的引导架构，以了解儿童的成长表现与记录。但我们还应了解的是，儿童美术能力的发展一定会受到当下社会环境、文化、教育的影响。该理论是罗恩菲尔德依据多年前的资料提出的，因此，当我们采用罗恩菲尔德的理论诠释儿童绘画表现时，要知道今日儿童的绘画发展和往昔已有差异。我们还要考虑现在的儿童受到电视、计算机等的影响，在概念的发展上似乎有加速的现象，而这种现象也会反映在儿童的美术发展上，以致现在儿童的美术发展能力与表现，较以前的儿童美术发展更迅速一些。

二、特殊儿童与美术活动

美术创作除了具有表达、释放、重建和升华三个方面的功能之外，还具有评估诊断和治疗的功能。一方面，儿童美术表达能力的发展与认知、心理的发展是相联系的。例如，通过绘画作品分析，我们可以了解儿童的认知发展水平、智力水平与性格特点等。另一方面，美术创作本身就是一种治疗方式，是一种健康的生活方式，超越倾诉或文字表述，儿童通过美术表达得到心灵安慰和情绪发泄。

特殊儿童只要小小的刺激就可以开始美术的创作，明亮的彩色颜料会吸引孩子的眼球，抽象拼贴画的材料触感也会让他们渴望做出回应。他们在剪纸时，因体验剪刀的操作而获得快乐，而敲打和挤压柔韧的材料也能给他们带来兴奋。他们也许无法描述某种体验，只是乐于探索材料，但他们发展了通过美术表达想法和需求的技能。

参与美术活动能缓和特殊儿童的挫折感，提供一种很有价值的感情表达形式，并促进肌肉的控制、知觉的意识和个人的成就感等。当教师和家长为特殊儿童提供教育与服务时，我们认为可以将艺术治疗、创造性游戏、艺术教育和康复训练结合起来，从更宽泛的意义上去理解特殊儿童美术活动的含义与作用。

（一）参与美术活动对特殊儿童的作用

具体而言，参与美术活动对特殊儿童的作用与普通儿童类似，参考已有研究，本书总结有以下几个方面。

1. 参与美术活动对特殊儿童感官知觉和动作发展的作用

参与美术活动促进特殊儿童感知能力的发展。美术活动通过视觉和触觉感受进行，据此，特殊儿童的各种感觉经验积累起来，知觉也丰富起来。在此基础上，特殊儿童把事物的不同特征整合起来，进一步获得了比较复杂的空间知觉和实践知觉，如物体的远近、大小、形状等。

参与美术活动能够促进特殊儿童动作的发展。美术活动设计以自己的身体为中心，充分利用美术媒材的特质，提供学生探索自己的身体和各种感官知觉，并发展出动作模式的机会。涂鸦对特殊儿童的肌肉发展起着重要的作用。涂鸦初期的儿童以指掌式握笔，单纯由手腕动作产生反复的线条，有利于手臂运动的协调。伴随涂鸦的发展，手臂运动促进了臂膀大肌肉的发展和腕部运动的灵活性，可以加强手部的小肌肉运动和手腕运动灵活性。

参与美术活动能够促进特殊儿童的手眼协调能力，训练儿童的动手能力。手眼协调能力是儿童学习的基础，手眼协调的活动能够有效推进儿童各项能力的发展。绘画是眼、手、脑紧密配合的活动，绘画过程中，通过手、眼和脑的共同作用，特殊儿童需要观察物品的特性，更广泛了解周围的环境，才能进行绘画创作，完成作品。

2. 参与美术活动对特殊儿童认知、社会性、情感和人格发展的作用

参与美术活动能够促进特殊儿童的认知能力发展，发挥其创造力。美术创作可以培养特殊儿童独立思考和解决问题的能力，并将各种知识和经验重新组合，培养丰富的联想与想象力，使作品带上独特的个性和创造色彩。参与美术活动有利于培养特殊儿童的语言表达与沟通能力。美术活动可以培养特殊儿童建立画面内容和口头语言之间的联系。一方面，作品通过色彩、线条、形状、构图以及所描述的事物或情节为特殊儿童提供信息，另一方面，特殊儿童通过与教师、同伴的对话、讨论乃至争论，表达自己的理解和感受，也倾听别人的感受。

参与美术活动可以培养特殊儿童对家庭、学校和社会的环境适应能力。美术活动的创作过程会教学生分辨主体与客体的关系，引导学生认识物我关系等。创作与家庭、团体有关的美术主题，均可以促使儿童去反思自己和家人及同伴的关系。团体的美术创作以及创作后的分享与小组讨论，也能有效促进儿童的沟通互动，发展出积极的观点。

参与美术活动能帮助特殊儿童培养丰富的情感。美术活动有利于特殊儿童宣泄情感，使身心发展得到平衡，还能陶冶情操，使情感境界得到升华。特殊儿童通过绘画得以较为充分表达自己的内心情感和对外部世界的感受，展现出比较高级的复杂情感动机。

参与美术活动可以提升儿童的自我概念。儿童对自我的概念会自然投射在人像画或雕塑中，并从中获得统整。如指印画、掌印画以及身体描绘等美术创作，

能提升儿童身体的自觉度，尤其适合一些自我概念较不健全的中重度障碍儿童。创作和自我有关的美术活动，也能促使儿童去思考人我的关系，统整对自我的概念，建立自信，进而实现自我。

3. 参与美术活动对特殊儿童学习能力发展的作用

参与美术活动可以增加特殊儿童求知的欲望。当儿童的知识积累在绘画中得到应用时，就会激发他们继续求知的欲望。

参与美术活动有利于开阔特殊儿童的视野。不同题材、不同形式的作品，是不同社会生活的展现，有助于开阔特殊儿童的视野，扩大其知识面，帮助他们积累一定的社会历史文化知识。

参与美术活动还可以培养独立思考与独立工作的能力。美术活动中，特殊儿童需要对图画的构思、布局等认真思考、全身心投入，进而培养了独立思考与独立工作的能力。

（二）特殊儿童美术活动的特点

美术在不同的领域有不同的运用及概念。当把美术作为教育的内容，即为美术教育，美术教育以学习美术的技能为评估的标准和目标，以教学原理来架构美术活动，重视最终的美术作品。当把美术作为治疗的方式，即为美术治疗，美术治疗以心理健康作为治疗的依据和目的，以心理治疗来架构起治疗活动，更在意创造的历程。尽管美术教育和美术治疗有显著的区别，但二者也关系密切，二者共同以儿童绘画发展理论作为了解儿童或发展教学／治疗计划的基础，均以美术创作为主要的表达方式，都强调创造力的重要性。

面对特殊儿童，当教师和家长缺少美术教育的专业学习，也缺少美术治疗的系统训练时，我们如何发挥美术创作对特殊儿童发展的积极作用？如本书第一章所说，以治疗为取向的美术活动是我们推荐给特殊儿童教师和家长的有效方式。

治疗取向的特殊儿童美术活动，是在原有的美术教育结构中，注入美术治疗的精神，即以儿童为本位，重视个别的差异与需要，综合特殊教育、心理治疗／辅导、艺术教育和艺术治疗等领域方面的理念。在学校、课堂或家庭的教育训练环境中，教师和家长可以利用美术活动本身即具有的治疗功能，把美术治疗的理论和方法迁移运用到美术课程的设计与实施上。强调教师和家长要关注特殊儿童的个别差异与需求，识别特殊儿童在情绪困扰和异常行为方面的特征，这样才会更有利于开展美术活动。

针对特殊儿童设计和实施的美术活动，常有如下特点：

① 限制美术媒材的种类。

② 在美术创作的过程中，尽量避免高难度的技巧。

③ 提供反复练习同一媒材或美术经验的机会。

④ 将过程分解为几个小步骤，然后按部就班地去实行。

⑤ 在学生的技巧日趋成熟后，提供成功的机会，以获得有效的美术经验。

以治疗为取向的特殊儿童美术活动认为，不同障碍类别和不同障碍程度的特殊儿童在美术活动中有不同的活动发展目标。当我们以特殊儿童为本位，发挥自然的家庭环境和团体在美术活动中的力量时，帮助少数特殊儿童通过美术活动回归主流，将是我们可达成的愿望。

第二节　特殊儿童美术活动设计

一、特殊儿童美术能力的评估

特殊儿童美术活动的设计与实施需要考量特殊儿童的心智年龄、生理年龄及儿童美术表现能力或才能。心智年龄低于生理年龄的特殊儿童，大致只能做出与儿童心智年龄相当的活动与作品。如发展性障碍儿童，若心智尚停留在感觉动作期，则其美术 / 绘画的表现能力，也只能在涂鸦期或前图式期。

因此，如何评估儿童（包括特殊儿童）的美术能力发展状况？阿恩海姆认为，儿童美术是一个符号领域，这一领域有其内在的规则和发展规律。前面一节，我们分析了儿童绘画发展的阶段，这是从整体上理解儿童绘画的基础。只有先了解某一年龄阶段儿童绘画的正常表现或者应当出现的特征，才可能通过比较发现什么是不正常的表现，什么是不应当出现的现象。安德森在借鉴罗恩菲尔德绘画发展阶段理论基础上，制订了儿童美术发展阶段的特征检核表（表 3-2）。使用该检核表，可以帮助我们从发展的角度理解儿童绘画，不仅可为评估特殊儿童美术能力发展提供重要的信息，而且还是向特殊儿童提供有效干预建议的出发点。

表 3-2　儿童美术发展阶段的特征与检核表

发展阶段	美术表现的能力与特征	检核			备注（综合评论）
		有	有时	尚未	
涂鸦期（1.5~4 岁）	**随意涂鸦**				
	1. 画出无次序的笔迹				
	2. 仿画一条直线				
	3. 随意拍打黏土				
	控制涂鸦				
	1. 重复画线				
	① 横线涂鸦				
	② 纵线涂鸦				
	③ 圆形涂鸦				
	2. 用不同的方式抓握、画线或彩绘				
	3. 仿画一个圆				
	4. 用黏土卷圈和做成球状				
	命名涂鸦				
	1. 给涂鸦和黏土团命名				
	2. 分辨不同的颜色				
	3. 说出五种颜色				
	4. 说出两种几何图形				
	5. 用颜色组合形状				
	6. 仿画一个圆				
	7. 随意挑选颜色彩绘				
	8. 专注的长度增加				
	其他				
	1. 会遵循清理的步骤				
	2. 有时会分享作品				
前图式期（4~7 岁）	**二维空间的作品**				
	1. 人像画开始出现——通常是自己或一些家人的象征画				
	① 画出头、足的形象				
	② 人像画包含手、脸和其他身体部位的细节				
	③ 描绘身体部位的正确性，优于说出和理解这些部位的能力				
	④ 能说出脸部的各部分及身体的其他部分				
	2. 具有树、人和房子等的图式概念				
	建立起来的概念，经常被修改				

续表

发展阶段	美术表现的能力与特征	检核			备注
		有	有时	尚未	（综合评论）
前图式期 （4~7岁）	3.颜色的挑选使用，出于内在主观喜好，用色少与外在环境事物的真正色彩产生关联				
	4.空间的表现				
	① 事物分散漂浮在画面的各处空间				
	② 东西的呈现随意				
	③ 画面呈现儿童自我中心的思考形态				
	三维空间（立体）的作品				
	1.能用黏土做出圆球				
	2.能用黏土做出扁平的形状				
	3.能把两块黏土粘起来				
	4.能做出可站立的造型				
	美术技能的表现（5岁）				
	1.正确持握蜡笔				
	2.正确持握水彩笔（毛刷笔）				
	3.正确持握剪刀				
	4.能撕直线的纸				
	5.正确混合两种颜色				
	6.能用胶水粘贴东西，但也许有下列困难				
	① 胶水的用量不适当				
	② 不能恰当地平涂胶水				
	③ 把东西错面粘贴				
	7.能辨识大多数的颜色，但尚未能正确辨识下列颜色				
	① 灰色				
	② 透明和暗晦（或模糊）的颜色				
	8.正确辨认平滑构造，但对厚/薄和轻淡的线，辨认有些困难				
	其他				
	1.愿意和其他的儿童紧邻工作，分享美术材料，但仍不能彼此真正合作				
	2.能够分清楚自己的工作				
	3.能依序遵循指示				
	4.能清理桌面或场所，不会有刺戳的行为				
	5.能用剪刀剪纸				

续表

发展阶段	美术表现的能力与特征	检核			备注
		有	有时	尚未	（综合评论）
图式期 （7~9岁）	**人像画的特征（二维空间的作品）**				
	1. 人像已清楚可辨识				
	2. 包含身体、手臂、脚（或衣服）				
	① 画出头和脸的各部位				
	② 画出其他的细节				
	3. 由正面或侧面画人像，但人像与人像彼此之间很少有直接互动				
	4. 可用立体和平面媒材，容易地表现人像				
	空间的表现（二维空间的作品）				
	1. 沿着基底线画出物体				
	2. 有些画面上，同时呈现两条基底线				
	3. 物体呈现平坦状（缺乏立体感）				
	4. 出现天空线				
	5. 展开式（或折叠）的画面				
	6. 多种事物呈现不同的透视点（画面呈现两种以上的透视点）				
	7. 同一画面出现不同的时空状态（不同的事件或不同的时间）				
	8. 出现 X 光透视画				
	颜色				
	1. 已发展固有色的图式概念				
	2. 颜色与物体之间的关联性较为正确（能较正确地表现物体的颜色）				
	图式的变化				
	1. 画面的重要部位被放大（夸大）				
	2. 省略不重要的事物				
	3. 压抑的事物或想法会被删掉				
	美术的技巧				
	1. 能正确使用下列美术媒材				
	① 彩画				
	② 线画				
	③ 剪贴				
	2. 能用黏土雕塑，并附加其他技法				
	3. 能与他人分享作品				
	4. 在团体活动中，能与他人合作				

续表

发展阶段	美术表现的能力与特征	检核			备注
		有	有时	尚未	（综合评论）
党群期 （9~12岁）	**人像画（平面作品）**				
	1.出现较多的细节描绘				
	2.几何形状减少，身体部分的自然形状增加				
	3.人像画上有较多的细节描绘				
	4.描绘许多衣服上的细节				
	5.边线用直线表现				
	6.折叠的表现省略（或遗漏）				
	7.人形僵直、呆板，少有动作描绘				
	8.以上人像画的特征，也在立体媒材的表现上呈现				
	空间表现（平面作品）				
	1.天、地之间的空间，有规律地画满				
	2.基底线消失				
	3.物体有前后重叠的表现				
	4.对于重要的情绪状态，仍然会有某些夸大的表现				
	颜色				
	1.较少固有色的表现				
	2.会依物体的实际颜色，较有变化地表现色彩				
	男、女孩的美术作品主题不同				
	1.女孩的作品倾向				
	① 较多微笑的人				
	② 较仔细描绘衣服细节				
	③ 描绘较多周遭的事物				
	④ 较少表现运动的主题				
	⑤ 表现音乐、聚会的主题				
	⑥ 表现动物的主题，例如：马、牛、羊				
	2.男孩的作品倾向				
	① 汽车的主题				
	② 运动的主题				
	③ 太空／火箭的主题				
	④ 恐龙的主题等				
	艺术与技术				
	1.能够混合颜色				
	2.能够适当使用木材工具（如木刻刀）				
	3.能够用纸制作三维空间的作品（如纸雕等）				
	4.制作黏土作品，会继续用附加的技法				
	其他				
	能够与他人合作（同性别的同辈团体）进行团体创作				

续表

发展阶段	美术表现的能力与特征	检核			备注
		有	有时	尚未	（综合评论）
拟似写实期 （12~14岁）	**人像画（平面作品）**				
	1. 固定图式消失				
	2. 描绘关节部位和人像动作等				
	3. 显示色彩的变化				
	4. 性别特征有时被夸大表现				
	5. 描绘衣服的折叠和皱纹				
	6. 表现人像的年龄特征				
	7. 出现卡通画／漫画风格				
	8. 以上特征也反映在立体媒材的表现上				
	空间的表现（平面作品）				
	1. 基底线消失				
	2. 表现水平面的画面				
	3. 发现透视画法				
	① 单视点的透视画面				
	② 表现有远近和空气感的画面（物体随着距离拉大而变小）				
	立体的作品				
	1. 对制作实用的黏土（陶艺）作品感兴趣				
	2. 对用黏土、石膏和铁线制作叙述性的人像感兴趣				
	一般性的考量				
	1. 强调作品的装饰特质				
	2. 喜欢幻想的主题				
	3. 关心不同的美术技巧				
	4. 关心完成的美术作品				
	5. 对自己的作品有评价				
青春期 （14~17岁）	**平面作品**				
	1. 绘画类似于12岁时创作的作品				
	2. 关心美术技巧				
	3. 关心作品的细节、光线和阴影				
	4. 强调事物的主观印象				
	5. 注意到距离的表现				
	6. 熟悉各种艺术媒材				
	空间的表现（平面作品）				
	1. 喜欢学习有远近法、透视法的描绘方式				
	2. 会依心情表达主观的印象，或做主观的变形表现				
	人像画（平面作品）				
	1. 有些学生会尝试写实的表现，包括描绘人像比例、观察细节和动作				
	2. 有些学生为了特别的目的，会将某些细节夸大				
	3. 有些学生会就某一观点，制作漫画和卡通画等				

通过使用该检核表我们可以了解特殊儿童的绘画发展大致处于哪个水平或阶段，以此作为开展特殊儿童美术活动设计与实施工作的基础。但同时，我们也强调从现象学的角度看待儿童以及儿童绘画。每个儿童都是一个复杂而独特的个体，儿童绘画的内容和方法并不是儿童需要和愿望的简单反映，还会受到诸如社会文化、教育背景以及绘画情境等因素的影响。因此，对特殊儿童美术能力的发展状况进行评估，我们需要参考各种不同的理论，需要关注儿童绘画的多维特征，并尊重每一个儿童绘画表现的丰富性、独特性、复杂性和自发性。这样才能对特殊儿童的美术活动设计与实施提供有效的指导。

二、特殊儿童美术活动的目标

（一）特殊儿童美术活动的总目标

特殊儿童美术活动旨在通过以个人或集体合作的方式参与，从事视觉心像表达，并借此将存于内心的思想和情感向外呈现出来，以了解儿童心理状况，帮助儿童释放不良情绪，促进儿童身心健康，提高社会适应能力。因此针对特殊儿童进行的美术活动设计要求以儿童为本位，活动设计的目标要因儿童的特别需要做适度调整。

特殊儿童个体参与美术活动，活动目标基本以个别儿童本位来思考，要综合考虑该个体所处发展阶段的身心发展特点，包括家庭成长史、学业成就、障碍的种类和程度等。个体参与美术 活动的目标可考虑以下方面：发展手部技能；发展动作模式；发展社交沟通的能力；能从控制媒材和工具的使用上，获得掌握环境的能力；鼓励观察；能识别色彩、形状和质感；刺激想象；鼓励自我认同，强调创意和提供有意义的经验；统整当时期的学校学习经验（配合学期的主题与单元）；将学校学习所得类化到日常生活中等。例如，对于语言能力较差但视知觉和动作能力相对较好的儿童，美术活动设计沟通发展的目标较为必要。有情绪困扰的儿童，借由视觉形式的表现和语言的沟通可以获得情感上的缓解，美术活动设计的目标就可以考虑如何帮助该个体从各种限制中解放出来，并鼓励个体能自由自在地表现。

如果是团体性的特殊儿童美术活动，会在考虑个别目标的同时，重点考虑发展儿童社交沟通这一目标。借由团体美术活动让普通和特殊儿童一起参与，帮助彼此成长，较多为教师所使用。团体美术活动会重点考虑特殊儿童能否与同伴成功互动，以及所有的特殊儿童是否均能融入团体美术活动中来。教师应善用班级管理的技巧，以学期为单位，将特殊儿童分组开展活动，注意分组时考虑个别特殊儿童的能力，将能力较弱的特殊儿童分配到成员包容度较大、较积极助人的小组。因此，团体美术活动的目标设计，要在团体分组时考虑不同程度、不同类型、不同阶段特殊儿童的发展特质，给予不同的目标和期待。例如，低年龄段的特殊儿童参与团体美术活动，有较多时间的自我操作与自我表达，就没有必要让孩子花太多时间倾听别人发言，而应开展分组游戏来强化孩子的学习。

（二）对应特殊儿童发展七大领域的美术活动目标

为了更好地指导教师和家长设计特殊儿童美术活动的目标，本书借鉴发展性课程的观点，对应儿童发展的领域，列出了美术活动中可考虑的个体具体目标，详见表3-3。

表3-3 特殊儿童的美术活动目标

领域	具体技能	特殊儿童美术活动目标
感官知觉	视觉的运用	视觉敏锐（儿童对视觉刺激有可观测的美术表达反应）、视觉辨别（儿童能辨别形状、大小、颜色、图片和文字）、手眼协调（儿童能手眼协调进行美术创作）、形象背景的区分（儿童能从背景中区分出立体形象）、视觉记忆（儿童能记忆视觉经验）、空间关系（儿童能分辨空间位置的关系）、视动统整（儿童能独立进行图形符号的模仿描绘）
	听觉的运用	听觉敏锐（儿童能对听觉刺激有可观测的美术表达反应）、听觉辨别（儿童能辨别声音并用美术的方式表达出来）、听觉记忆（儿童能记忆其听觉经验并用美术表达出来）、听觉顺序（儿童能用美术表达依次反应听觉刺激）
	触觉的运用	触觉敏锐（儿童能对触觉刺激有可观测的美术表达反应）、触觉辨别（儿童能在媒材探索中以触觉区分形状、大小、材料、温度、轻重和干湿）、触觉记忆（儿童能记忆触觉经验）
	前庭觉的运用	抗地心引力（在美术创作表达中，儿童能适当感觉地心引力，做出相应的直立姿势）、侦测重心转移（儿童能变化身体姿势，改变身体重心进行美术的创作表达）、双侧协调（儿童能有双侧协调的肢体活动以支持美术活动）
	本体觉的运用	本体觉敏锐度（儿童能有适当的本体觉，能觉知自己的身体各部分，学会放松和用力）、身体意识（儿童有敏锐的身体意识，控制身体发出动作）、动作运用与计划（儿童能整合运用各种感觉达成有目的的活动）
粗大动作	姿势控制	头部控制（儿童能在美术活动中控制自己头部的姿势）、坐姿/站姿/跪姿/蹲姿控制（儿童能控制坐姿、站姿、跪姿和蹲姿，用以参与不同形式的美术创作表达的活动）
	移动力	儿童能以翻滚、四肢爬行、跪行、臀行、走、上下楼、跑、跳的方式参与创造性的美术活动
	运动与游戏技能	儿童能以玩耍球类运动、垫上运动、游乐器材、绳类游戏、轮胎游戏、投掷游戏、循环体能游戏、大道具游戏、体操/律动、溜滑运动、水中运动等方式来参与创造性的美术活动
精细动作	抓放能力	儿童通过手工美术活动，锻炼拇食指捡取、释放物品、腕部旋转、双手协调等能力
	作业能力	儿童可以通过雕塑造型活动，锻炼堆叠能力、嵌塞能力、顺序工作能力、顺序套物能力等能力
	工具的使用	儿童可以顺利打开和关上美术媒材的各种容器，可以正确使用各种工具，会使用书写工具仿画线条，会用黏土做出简单的立体造型，会折纸，会使用剪刀

续表

领域	具体技能	特殊儿童美术活动目标
沟通能力	内在语言	注意力（儿童能对外界刺激有反应）、学习动机（儿童有参与美术活动的动机）、静坐等待（儿童能在活动中学会静坐和等待）、模仿能力（儿童能模仿简单动作）、遵从指示（儿童在活动中能遵从简单命令）、适应能力（儿童能适应不熟悉的环境）
	听的能力	听的基本能力（儿童有听的基本能力），儿童能对名词、动词、简单短句、含形容词或副词的短句、简单否定句、简单疑问句和两个以上句子做出适当反应
	说的能力	说的基本能力（儿童有说的基本能力），儿童能说出常用名词、常用动词、简单的短句、有形容词或副词的短句、简单否定句、简单疑问句、两个以上句子等内容，并有适当的表达技巧
	非语言沟通	儿童能依别人的动作／手势行并表达需求，能以自己的动作／手势表达需求并行事，能依图／照片的指示行事并表达需求，能依序号行事并以出示符号表达需求，能依文字的指示行事并表达需求，能以其他方式与人沟通等
认知能力	物体恒存性	儿童能明白物体恒存性，并在美术表达创作中表现出来
	记忆力	儿童能显示出对所经历事件的记忆能力，儿童能显示出对物品的操作／排序的记忆能力，儿童能显示出对地点位置的记忆能力，儿童能显示出对物品所属的记忆能力
	配对和分类	儿童能将相同物品、简单立体形状加以配对分类，儿童能依大小、颜色、材料、功能来配对和分类相同物品，儿童能对图片进行配对和分类
	程序	儿童能将物品按顺序排列，能独自依序完成许多活动
	解决问题	儿童能设法取得想要的物品，能计划思考行动的步骤，能将学习过的技能应用在日常生活中以解决问题，能自我修正错误，能了解日常生活中的因果关系
社会技能	人际关系	儿童能与人打招呼，能参与团体活动，能介绍自己或别人，能尊重别人，能寻求帮助或帮助别人
	家事技能	儿童能清扫美术活动场所，能清洁美术活动器具，能清洁衣物，整理美术活动物品，能简单烹饪和缝纫
	社区技能	儿童能认识所居住的社区，会使用社区中的交通设施、商店、公共场所，能参与社区中的活动
	休闲活动	能从事音乐欣赏、阅读书报杂志、绘画、简单手工艺等活动
	身心健康	儿童能注意自己的生理健康和心理健康
	职业技能	儿童有工作的意识，有适当的工作态度、工作品质等

三、特殊儿童美术活动的内容与方法

（一）特殊儿童美术活动的内容

特殊儿童可参与的美术活动内容，大致可分为绘画、手工造型和美术欣赏等三大领域。

1.绘画

绘画时，特殊儿童可以运用简单的美术媒材，如蜡笔、彩色水笔、毛笔、颜料等，通过线条、形体、色彩等表现形式，在纸上塑造可视的形象，以表达对生活的认识和情感。

（1）按工具材料分类

彩笔画：用蜡笔、油画棒、彩色水笔、彩色铅笔等工具在纸上绘画。

毛笔画：包括水彩画、水粉画和水墨画，它们是用毛笔和不同的颜料进行绘画。

印章画：用橡皮、土豆、萝卜等的切面，以及用积木、笔帽、牙膏盖或纸团、布团、手、脚等蘸上颜料盖印在纸上。

手指画：儿童用手指蘸上颜料在纸上作画。

拓印画：将硬币、钥匙、树叶等放在图画纸下面，然后用铅笔在纸上来回涂，拓印出纸下的物体形象，或将物体涂色后印在纸上。

版画：利用玻璃、塑料片、木板、黏土、纸张、实物等制成版，拓（压）印成版画。

吹画：先将颜料滴在纸上，然后吹出不同的形状。

滚画：先准备浅盒子（不要盖，大小与图画纸相同）、各种颜料、玻璃球，然后将玻璃球蘸着颜料放入纸盒中来回滚动，让各种颜色的线条不规则地留在纸上。

喷洒画：在图画纸上摆放不同形状的纸片或窗花等，然后用牙刷蘸上颜料，用小竹片往自己的身体方向轻轻地拨牙刷，让颜料均匀地喷洒在图画纸上；当颜料覆盖纸面后，轻轻拿开纸片、窗花等。

泡泡画：在吹泡泡的肥皂水里调入不同的颜料，然后用吸管蘸上肥皂水吹，将吹出来的泡泡轻轻地碰在图画纸的适当位置，泡泡破了，就在纸上留下了图形。

混合画：使用各种画笔，如用蜡笔画鱼、粉蜡笔画云彩、水彩涂底等，构成丰富的画面。

颜色游戏画：以不同的颜料和画笔作画，如吹画、刮画、滚画、染画、线画、对称画、印画、油漆画等。

（2）按内容主题分类

图案画：指儿童利用不同或相同的线条或图形自由交叉组合，以不同的颜色画出图案，并进行和谐的有规律的美化和装饰。

物体画：指以单一物体为描绘对象，培养儿童的造型能力。

情节画：以一件事情为主要描绘对象，反映一定的主题，表达一定的思想感情，培养儿童的构图能力及处理物体间相互关系的能力。

故事画：儿童将熟悉的故事，分若干段落要点，分别作画，集成故事画。

自由画：儿童自己确定绘画的主题，按照自己的想法自由自在地表达创作的绘画方式。

命题画：教师或家长确定绘画的主题，明确要完成的某种技巧任务和教育要求，儿童按指定的主题绘画的方式。

合作画：指多名儿童，共同决定题材设计画面，用较大的纸张共同作画。

2. 手工造型

特殊儿童可以运用一些物质材料，如纸、泥、木头等，用手和一些简单的工具，通过撕、折、剪、贴、捏、切、拼、搭等手段，制作成平面的或立体的物体形象的艺术形式，表达特殊儿童的审美感受和生活经验。

（1）按工具材料分类

纸工领域可分为以下类型。

剪贴手工：用纸剪成各种图形，贴成画面。

撕纸手工：将纸撕成各种形状，贴成画面。

折纸手工：用纸张折成各种形状。

纸条手工：用纸条的卷、折、穿插编织制作成各种立体造型。

纸浆手工：用卫生纸、报纸、毛边纸泡水绞碎后，拧干水分加浆糊或南宝树脂，塑造成玩偶、面具、动物等。

废纸手工：搜集不同的包装纸、画报、纸盒、塑料盒、旧信封、纸口袋等制作手套玩偶及各种物品。

造型设计：将纸任意切割、折叠成图案及造型，由各种造型组合成一个大主题作品。

立体造型领域可分为以下类型。

泥工：用陶土（黏土）纸黏土、油土塑料泥、彩色面粉等，随意塑成各种大小模型。

沙箱：细沙加上各种玩具杂物或工艺成品，设计布置庭院、高山水池、交通要道等。

积木：大积木搭成大型建筑物，小积木堆成简单形状，有时可配合其他玩具同玩。

雕塑：用肥皂、萝卜、红薯、软木及其他材料雕刻成型。

木工：用木条、木片、木柱等自由粘贴或钉牢成为立体的模型。

缝纫：用特制的缝纸，用大针穿上毛线，按线条练习穿连。

通草工：通草染色，切段做各种造型，如动物、花球、项链等。

废物工：利用空罐子、鸡毛、蛋壳、果核、木屑、落叶、贝壳、碎布、瓶盖等，做各种造型。

（2）按操作方式分类

粘贴：儿童用教师或家长事先准备好的纸，粘贴出某种形象。形象轮廓可以是提前画好的，也可以是儿童自己想象的。

撕贴：撕纸可以锻炼儿童手部的控制能力。撕纸的材料可以是普通彩纸或报纸等，撕纸的方法大致有自由撕、按折痕撕、按轮廓线撕、折叠撕等。一般来说，要求儿童所撕的物象，应该是特征明显、外形简单的。让儿童随意撕纸后，根据所撕的形象想象添画，发展儿童的想象力。

折叠：折纸是儿童喜欢的活动之一。折纸取材方便，彩色蜡光纸、旧挂历纸、废报纸等都可。折纸的基本技能有对边折、对角折、集中一边折、集中一角折、对中心线折、角对中心折、双正方折、双三角折、菱形折等。

裁剪：剪纸的主要方法有目测剪、沿轮廓线剪和折叠剪。剪的技能学习应按由易到难的顺序安排。目测剪以学剪直线和曲线为主；沿轮廓线剪重点指导儿童应用左手转动底片，防止边剪边拉，使物象周围不整齐；折叠剪的指导重点是折叠部分，只有折叠好了，才能剪出对称的或有规律的图形。

3. 美术欣赏

特殊儿童可以通过对美术作品、自然景物和周围环境中的美好事物的认识和观赏，从而受到艺术的感染，得到精神上的愉快。美术欣赏对于提高特殊儿童的审美情趣和审美能力、陶冶情操有着重要的作用。美术作品的选择应注意复制品的印刷质量要尽可能与原作接近，并且画幅要尽可能大一些，以便让特殊儿童看清楚。作品可用幻灯、投影、电视录像和电影等方式呈现，由教师指导特殊儿童欣赏美术作品。

（二）特殊儿童美术活动的方法

1. 准备适合特殊儿童探索运用的材料

特殊儿童在运用主题、创作形象或者尝试使用材料的能力等方面都有局限。甚至在很长一段时间内，都可能不会从一个阶段发展到另一个阶段。大多情况下，参与美术活动是一种探索性的活动，而对特殊儿童来说，创作表达的内容不再重要，重要的是利用各种美术材料进行探索和尝试的过程。

美术活动使用的美术材料作为视觉艺术媒材，具有非语言沟通的特质，能够提供特殊儿童另一种表达和沟通的机会。特殊儿童常常需要通过多种美术媒材表达内在想法和情感，为使儿童探索及熟悉材料，可参考下列活动，培养他们探索运用材料的乐趣。

点、线、面游戏：尝试用蜡笔、彩色笔、铅笔、色铅笔、原子笔、水彩笔等儿童常用材料，画出各种不同种类的点、线、面等，越多越好。

手印画：首先，按摩手指、手腕、手掌等部位，拉拉指关节等部位作为暖身活动。然后，用广告颜料或水彩，涂绘装饰双手手掌或手指。最后，把涂好颜料的双手手掌或手指，压印在一张干净的纸面上，完成手印画。

撕与粘贴画：预备妥各种纸张、浆糊、粘胶、胶带等用具。首先，随兴用手撕纸，使其成为各种不同的形状。然后，用浆糊、粘胶、胶带等，把撕开的纸张粘贴起来。最后，组合自己及别人撕开的纸张，粘成一幅团体画或团体创作雕塑。

此外，还可利用各种不同的纸张或复合材料制作染印画或其他类型图画，如湿纸画、染印画／拓印画、脚印画、剪贴画／拼贴画、吹画，以及黏土游戏、揉面团游戏和面具制作等。

多应用废旧物品设计制作，培养儿童手脑并用的能力。

2. 选择适合特殊儿童生活经验的主题

设计与实施美术活动时，可选择与特殊儿童生活经验有关的主题，依照特殊儿童的个别化需要设计目标与内容，并引导特殊儿童从事自发性的表达创作。主题的选择要适合特殊儿童身心发展的特点与现有能力，尽量从生活中取材，以开放式的主题来设计活动，这样更能帮助特殊儿童去统整其个人的经验，提高学习的动机。可以配合相关或偶发的事件来设计选择主题，例如节庆（母亲节、端午节等）、气候、地理环境、时事、社区活动等。

另外，在活动主题的选择上，还要尽可能配合学年的教学主题，把握特殊儿童身心发展的特质，兼顾与其他课程的关联，以帮助儿童类化经验，提升学习的效果。

与特殊儿童生活经验相关的主题有自我画像、妈妈、爸爸、家人、家、房子、树、喜欢的人、害怕的人、高兴的事、常做的梦、朋友、学校、老师、动物、玩具、游戏、秘密、幻想、特别的希望、现在的心情、一份礼物、家族树、家庭画像等，选择这些主题可以引导特殊儿童对与自身生活经验有关的主题进行探索。

3.设计适合特殊儿童表达创作的方式

设计和实施美术活动时，我们还应考量特殊儿童美术表达的能力，以避免不合适的活动设计及不当的媒材使用造成特殊儿童的挫折、抗拒或导致与活动目标相反的效果。因此，宜设计一些简易、实用的美术表达创作的活动。

（1）热身活动

在美术活动的初始阶段，有些特殊儿童会有紧张不安的不良情绪状态，为缓解情绪问题可参考下列方法进行设计：

冥想：闭上双眼并松弛身心，当缓解紧张后，再睁开双眼，注视颜料，挑选喜爱的色彩，无须计划，自然流畅地描绘。

涂鸦：随意画一条连续绕圈的线条，再注视这些线条，并依看出的可能形状发展成一幅图画（这种方法在儿童不知画什么主题时可以应用）。

闭眼绘画：儿童觉得闭眼是不可能完美控制画面的，较容易以自然放松的心情来表达创作。

用左手绘画：一般惯用右手的儿童，当使用左手绘画时，就会觉得控制不好画面是理所当然之事，因而较能以放松的心情来画。

肢体画：把肢体当画笔，四周空间当画布，随意地以肢体创作。

（2）主体活动

在主体活动的设计实施中，设计丰富多彩的活动方式可以激发特殊儿童的美术表达创作与学习。

游戏激趣法：在设计美术活动时，教师和家长要善于设计游戏情境来调动特殊儿童参与活动的热情。如看视频、情境表演、故事欣赏、变魔术等活动都是特殊儿童喜欢的游戏，让特殊儿童通过喜欢的游戏形式来参与美术活动，其宽松、有趣的氛围更易于特殊儿童把感受、情感表达出来，同样更能激发他们感受、欣赏的主动性和积极性。

观察引导法：美术活动是视觉艺术活动，离不开观察。教师和家长在设计美术活动时要将活动主题与生活经验相联系，在活动过程中要引导特殊儿童对外界事物进行观察，除了引导特殊儿童关注事物的形态、色彩、空间等，还要启发特殊儿童对生活及事物的热爱和感知。

作品赏析法：依据身心发展的能力，针对美术能力较好的特殊儿童，可设计欣赏一些中外名家作品和优秀儿童美术作品的环节，或带领他们参观美术展，近距离地欣赏经典美术作品，提升他们的兴趣与参与热情。

情感熏陶法：教师和家长为特殊儿童创设宽松愉快的心理环境和充满感情色彩的情境，让他们在身心最佳状态下，参与美术活动。对室内的环境布置、各活动区角的创设，尽量做到造型生动、色彩鲜明，符合特殊儿童的审美情趣。教师和家长要充分利用自然美好的环境进行引导，利用大自然来进行创作，例如设计带领儿童捡拾户外植物的活动，引导他们制作贴画。

分层指导法：在团体美术活动中，教师和家长可以依据儿童的不同水平，对他们进行分层次的指导。按目标分层是指，在进行美术活动设计时，教师要依据每一位特殊儿童的能力和障碍类别设置不同的目标。按材料分层是指，教师在为儿童提供材料时，应考虑到依据儿童不同能力水平提供材料。按指导分层是指，每一位特殊儿童的心智年龄和生理年龄不一样，其绘画／美术表现能力也不一样，要根据特殊儿童的能力对特殊儿童进行分层指导。按评价分层是指，教师和家长根据不同层次的目标、材料的使用，尤其是特殊儿童本身水平的不同层次来进行评价，注重特殊儿童个体自身的纵向发展。

（三）特殊儿童美术活动的实施策略

1. 给教师的建议

（1）激发儿童愿意参与美术活动的动机

对特殊儿童而言，出于自发性和好奇心，能完成一定的随意绘画。因此，我们要给特殊儿童提供适当的环境，鼓励他们尽可能多参与美术活动。如何激发，以下策略可供参考：

① 教师和儿童共同搜集有关资料，设计布置环境。

② 所有艺术活动始至终连接各项有关的活动，才能继续不断进行。

③ 可播放音乐让儿童自在地创作，从中体会表现和创作的喜悦。

④ 欣赏名家及他人的作品，并发表自己的看法，激发儿童对美好事物的兴趣与关注。

⑤ 不可强求画出具体物象，可作涂色及线条描绘，可画出想象的物象，作自由画或共同创作的合作画。

（2）引导儿童多元地探索美术材料

促进特殊儿童七大领域的发展是其教育康复的重点，因此，有利于儿童发展手眼协调和认知能力，强化其肌肉发育的美术媒材都可以好好利用。如何开发媒材，有以下策略可供参考：

①多应用不同纸张、不同操作方法以变换画面，从过程中体验纸质与技法的特殊效果。

②让儿童能使用多样工具，如订书机、打洞机、裁纸刀、胶带等，以扩充其工作经验，使其工作方法与生活能力亦随之提高。

③让儿童利用纸张撕、剪、折、贴、编、插、穿成各式各样的作品。

④使用橡皮泥或彩色面团做泥工时，以单色为宜，面（泥）团的大小以拳头大为宜，以免彩色混合或太大、太小而不方便搓揉塑型。

⑤不要一次给太多种类的积木。

⑥缝纫最好用双线，尾端打上结，以免缝针滑落。

⑦供应充足的工具及材料，让儿童按自己的能力与兴趣，自由选择与操作。

（3）创设鼓励与支持的美术活动氛围

教师应建立一种支持性氛围，强调努力的过程而非结果。如何创设，如下策略可供参考：

①每种美术活动需使用多少工作材料及时间，事先均需计划及准备，再与儿童讨论，逐步完成。

②注意使用工具时的安全性，工具的使用法应先予示范，并给予操作练习的机会。

③操作台附近宜有洗手台，以便就近洗手及清洁工具。

④教师应随机做认知、兴趣、技巧、态度、习惯上的辅导，以关切、鼓励和赞扬使学习气氛融洽。

⑤利用机会不断扩充儿童认知领域，注意个别差异，使其能够独自完成作品。

⑥给予儿童合作的机会，进行中互相交换意见，养成儿童合作的习惯。

⑦让儿童有彼此学习的机会，遇到困难，家长、教师只宜暗示及建议，避免包办。

⑧养成随手收集纸类废物的习惯，并注意废物的清洁与安全。

⑨工作结束后，指导儿童养成物归原处与收拾整理的习惯。

2.给家长的建议

为了加强特殊儿童在美术活动中的表现与发展，特殊儿童的美术创作需要父母去理解、接受和欣赏。下面是给家长的几点建议：

① 参与美术活动可以激发想象，使儿童的想法更有创造力。

② 美术活动中的创意和独立性优于复制和模仿。

③ 在家中的某个地方放置美术材料能鼓励儿童更多的创作表现。

④ 家长对从学校寄回的作品给予适当的评论。

⑤ 养成去画廊和艺术馆参观的习惯。

⑥ 与儿童共同阅读有绘画和雕塑作品的彩图印刷书。

⑦ 鼓励儿童参与社区提供的课余和周末的艺术课。

（四）不同障碍程度特殊儿童的美术活动设计与实施的要点

设计和实施特殊儿童的美术活动时，应考虑特殊儿童注意力、学习速度及抽象概念建立和类化等特点。针对轻度、中度、重度和极重度障碍的特殊儿童，分别如何开展美术活动？安德森和侯祯塘给出了如下建议。

1. 轻度障碍特殊儿童的美术活动设计与实施要点

① 增强儿童参与艺术活动的动机，鼓励儿童维持较长的时间参与活动。

② 减少轻度障碍儿童参与艺术活动的挫折感，每一时段尽量只安排单一技能或单一概念的活动才容易使之熟练，而每一单项的活动时间不宜太长。

③ 儿童从事艺术活动时，需要给予许多鼓励性的正增强回馈。

④ 新的技巧和说明应通过多次的艺术活动，重复表达和练习。

⑤ 艺术活动的过程强调工作分析，把要进行的活动或工作，分成许多细小的步骤，让儿童一次只进行一个步骤，逐次完成。

⑥ 按照时间的分配，安排一系列由易到难的活动项目或工作。

⑦ 系列活动的安排应重视不断重复的练习，才能为轻度障碍儿童建立清楚的概念和类化效果。

⑧ 若是提供多种不同的艺术媒材和变化太多的活动，易使儿童混淆不清，难以提升轻度障碍儿童的艺术表达能力和技能。但为了激发儿童参与活动的动机，也要适宜地变化某些材料和情境（场所）。例如，进行艺术活动以发展身体的概念时，在媒材和情境的改变上，可以由完成人像画改变至描绘个体真人大小尺寸的自画像。这些活动中，在了解身体概念和认识身体部分方面，各次活动的主题和目标均可相同，但在媒材的使用方面，则可随着儿童的喜好和技巧的运用，而加以变化。

⑨ 计划教导的技巧和概念，应仔细考虑配合儿童的能力。

⑩ 结合其他老师的专长形成工作团队，提供联合的教学。

⑪ 基本的学科概念可统整在艺术的学习活动中，并实施彼此做法一致的课堂管理。

2. 中度障碍特殊儿童的美术活动设计与实施要点

中度障碍儿童的美术活动，除参考轻度障碍儿童的美术活动外，下列的要点同样值得参考：

① 重视艺术活动的基本技巧训练，例如正确地使用艺术媒材和工具，儿童熟悉媒材的基本技法后，才能运用这些技法进行情感或意念的表达。

② 教师应了解儿童在绘画（美术）发展阶段落后或迟缓的现象。 以停滞在随意涂鸦阶段的儿童而言，其心智年龄约在 2 岁，因此不宜要求这个儿童去比对同龄的普通儿童进行同样的美术活动，或使用同等的材料和技法。

③ 艺术活动的表现，宜类似学前儿童的艺术活动，先强调操作的技巧和感官体验，以建立自信和愉悦的心情。

④ 假如儿童的能力已超过涂鸦阶段，则要给予儿童足够的时间，帮助他们运用艺术媒材发展他们自己的绘画表达技能和概念。

⑤ 提供太多媒材的选择、某些太过流畅或太过硬质的艺术媒材，以致儿童无法控制，将会给儿童带来挫折感。教师对这些儿童的身心特质和媒材特质，应能敏锐地觉察。虽然要强调提供儿童有限制的媒材选择和活动，但也要在活动中保留部分弹性和选择机会。

⑥ 配合儿童注意力短暂和记忆力受限的特质，宜设计简单不复杂的艺术活动。鼓励儿童重复表达欲建立的基本观念和主要概念，对中度障碍儿童的学习较有帮助。

⑦ 艺术活动应统合教室的其他学习活动，以加强学习基本的概念，并鼓励儿童的学习动机。

⑧ 年纪较大的中度障碍儿童，在庇护工作的场所也可学习一些实用的艺术表达技巧。

3. 重度和极重度障碍特殊儿童的美术活动设计与实施要点

重度和极重度障碍儿童的美术活动类似绘画发展阶段在涂鸦期的儿童。实施美术活动时，除参考轻度、 中度障碍儿童的美术活动外，也应参考下列的内容：

① 艺术活动能够增进这类儿童多方面的感觉动作发展与统整。 例如，当使

用绘画工具或拿着画笔作画时，可考虑设计促进儿童视觉和肌肉的反应的环节。又如进行以身体结构为主题的艺术探索活动，即可用以促进学前阶段儿童的感官刺激，或增进学龄阶段儿童的感觉动作发展。

②艺术活动能扮演发展儿童身体灵巧的角色，即提供儿童休闲活动的动机与技巧。

③艺术活动能增进重度和极重度障碍儿童的语言发展。在学前阶段，可让儿童辨识所使用的艺术媒材和工具的名称；在学龄阶段，则可通过艺术活动，让儿童觉察，并学习正确用语和简单指令。例如，告诉儿童画在纸张的左边或用颜色画满纸的上半部分，也可要求儿童从顶端到底部涂绘色彩。制作黏土时，可让儿童搓或压平泥球等。事实上，每个艺术活动都会强调一些简单指示，并在活动中自然地引导儿童发展语言能力。

④艺术活动能够十分有力地促进社会互动和自我指导的能力。诸多的团体艺术活动，如壁画制作、团体雕塑、版印画等，能够促社会互动和工作中的自我指导能力。

⑤艺术媒材的使用亦强调选择适合特殊儿童生理年龄的材料，应考虑兼顾学生的心智和生理年龄。例如，对中学年龄的特殊需求学生，选用儿童使用的艺术材料或进行儿童美术活动的指画和蜡笔画，并非恰当的活动设计。换言之，若选用水彩笔、毛笔之类材料代替指画、蜡笔画类的材料，则是较适合其年龄层使用的美术媒材。

⑥活动设计以真实的情境为基础，并与生活相结合。活动过程中的指导应多给予特别提示。例如，当告诉儿童拿起剪刀时，应同时用手指着剪刀，让儿童更易明了指令的意思。

⑦儿童每日活动的课程、场所和时间等安排，应尽量一致和结构化。所有接触到儿童或会与儿童有所互动的教职员，均应建立共同的教学和辅导原则，并且乐于使用行为改变技术。教师／家长若不熟悉行为改变技术，则应与其他特教教师合作，执行一致的奖赏计划，以增强儿童的良好或正当的行为。

⑧辅导社会技能时，可安排小团体的活动训练，并安排与普通儿童有定期性互动的活动机会，也要鼓励儿童的家人参与活动。

第三节　特殊儿童美术活动设计范例

一、特殊儿童感官知觉发展美术活动设计

（一）美术与感官知觉

儿童依赖其感觉和动作的经验去认知周围环境和自己的存在。而以直接感知为主的美术活动主要是通过操纵和使用各种视觉媒材，有效地促进儿童感知觉的综合发展。在视觉感官的训练上，美术活动提供了造型和色彩的刺激，促进了视觉知觉的成长。儿童开始从杂乱无章的平面上，区别了画画和背景的关系，也学会了由大脑去指挥操作自己的动作。

美术活动训练特殊儿童从其知觉中，寻求并聚焦在当下最重要的刺激中，他不只学会了用眼睛去看物体，也学会了经由大脑的判断去做最初级的反应，如是否与其旧经验有关等。特殊儿童用眼去"观察"物体，由视觉形象变成"心象"的能力越强，感觉经验的积累也越丰富。不同美术媒材的刺激更能引发和其他感觉功能，如嗅觉、听觉、味觉、运动感觉等的统合功能。儿童对一件物体的认知，有待其对该物体的所有感觉加以统合以便形成清晰的概念，并将之纳入其记忆中。

美术活动在视觉和触觉上会发挥很大的作用。如，利用不同颜色的卡纸作颜色配对游戏以及拼图游戏，有助于特殊儿童颜色视觉和形状视觉的发育；画直线或者画曲线有助于特殊儿童知觉追踪的发展；给不同材质、触感的卡纸涂上不同颜色，可以让特殊儿童在涂色的过程中感受不同卡纸的质感；利用橡皮泥进行游戏也可以帮助特殊儿童触觉的发展。

（二）活动范例：淀粉画（活动设计：张泰萍、余璐）

1.活动目标

① 学生能够接受不同的感官刺激，从不同角度认识媒材。

② 能够利用不同的媒材形式进行自由创作。

2.活动准备

① 纸张：A8 画纸每人一张

② 媒材：玉米粉、薯粉、藕粉任选一种，食用色素

③ 工具：脸盆、温水

④图片：莲子羹或玉米馒头等

⑤音乐：轻松优美的乐曲

3. 重点与难点

重点：保证特殊儿童能集中注意力，对媒材进行充分探索。

难点：如何让特殊儿童通过媒材探索锻炼其运用触觉的能力。

4. 活动过程及策略

热身活动

①呈现莲子羹或者玉米馒头等图片，引起学生的注意和兴趣。老师提问：这是什么？是用什么做的？

②待孩子发言后，老师呈现出莲子羹或者玉米馒头，请学生尝尝味道，从味觉上体验媒材的特点。

③在尝试了食物之后，老师呈现本次活动的媒材莲藕粉，带领学生一起探索莲藕粉，通过闻一闻、摸一摸感受莲藕粉的气味、质地和触感。

提示：此活动可使用的媒材除了有莲藕粉，还可以使用玉米粉、薯粉，操作方法相同，在此以莲藕粉为例进行示范。

发展活动

①老师示范制作本次活动的媒材的操作过程：将适量的莲藕粉放进脸盆，加入温水进行搅拌，请学生观察莲藕粉的变化。

提示：水温不宜太高，温度太高会使莲藕粉迅速硬化，也要谨防学生被水烫伤；同时水温也不宜太低，温度太低莲藕粉将很难被充分化解。温水的量根据莲藕粉的多少决定，采取少量多次的原则。此环节需要老师特别关注学生的行为，谨防出现安全问题。

②在莲藕粉得到充分搅拌后，加入食用色素，请学生观察其变化并亲身体验该变化：莲藕粉在加入温水和色素之后逐渐变硬凝固成为固体状态，当手指碰到，莲藕粉又会开始融化成流体状态。

提示：莲藕粉搅拌充分之后会逐渐凝固，这时候不用担心，当其遇热时会自动融化成流体状。

③分发莲藕粉及脸盆，学生开始根据自己的喜好加入食用色素自行调配作画媒材。

提示：学生在调配过程中，老师需要特别注意确保提供适当水温的水，谨防学生烫伤。此外，若学生不能正确地把握加入温水的量，老师需要加以辅助，甚至可以直接由老师代替学生完成加水的工作。在调配好莲藕粉之后给予学生充足的时间，引导学生以不同方式去感受莲藕粉的变化，使学生获得充分的感官刺激，去感受并认识这个媒材的特点。例如带领学生用手掌整个盖进脸盆里并紧贴着，一只手盛莲藕羹从上方滴向另一只手，双手盛着莲藕羹等待其从指缝中漏下去等。

④学生在充分体验之后，分发 A8 画纸，每人一张，教师指导利用莲藕羹进行滴画，之后学生即可在画纸上进行绘画创作。

提示：在绘画过程中学生可以采用任何形式进行绘画，除了用手也可以用其他身体部位，由于媒材都是取自食物材料所以不用担心学生误食的问题。为了保持清洁，可在画纸下面垫上旧报纸。

结束活动

将作品围成一个圆圈摆放，学生进行巡回欣赏，然后整理媒材结束活动。

5.活动效果评量

姓名：　　　　　　　　　　　　　　　出生年月：

实施时间：　　　　　　　　　　　　　负责老师：

阶段	活动	目标	形成性评量					评量方式	评量结果	通过与否	教学决定	备注
			1	2	3	4	5					
热身	认识淀粉	能吸引儿童兴趣										
		儿童能利用味/嗅/触觉探索淀粉										
发展	准备作画材料	儿童能观察到体验淀粉质地的变化										
		儿童能观察到体验淀粉颜色的变化										
		儿童能根据喜好自行调配作画媒材										
发展	淀粉画创作	儿童能进行淀粉画的滴画创作										
		儿童能利用其他身体部分进行创作										
结束	作品分享	儿童能在圆圈中分享作品										
		儿童能整理媒材										

评量方式：a 操作，b 纸笔，c 问答，d 观察，e 指认，f 其他
评量标准：1 完全未达到，2 少部分达到 25%，3 部分达到 50%，4 大部分达到 75%，5 完全达到
教学使用：P1 大量协助，P2 少量协助，M 示范提示，V 口头提示，G 手势提示
教学决定：C 继续，S 简化，P 扩充
通过与否：√通过，×不通过

二、特殊儿童粗大动作发展美术活动设计

（一）美术与粗大动作

倘若儿童有较大的绘画空间，可用整个身体去参与，这样有利于儿童粗大动作的发展。在美术创作过程中，还可以在儿童认识线条之后，让其利用身体对线条进行相应的模仿。例如学习圆形之后，可以形成一系列以身体做圆、身体包含的圆、以圆或小球与身体律动等活动。这个过程可以给予儿童肢体协调发展的机会，从而促进粗大发展。

（二）活动范例：我的巨幅画（活动设计：万秀峰、旷才先）

1.活动目标

① 促进粗大动作身体位移的发展。

② 促进粗大动作蹲、跪等姿势维持能力的发展。

③ 激发学生想象力和创新能力。

2.活动准备

画具：安全颜料、调色盘、蜡笔

画纸：1米×1.5米白纸

音乐：活泼有趣的歌曲

3.重点与难点

重点：促进粗大动作身体位移的发展。

难点：促进粗大动作蹲、跪等姿势维持能力的发展。

4.活动过程及策略

热身活动

① 老师提问：你们平时画画的纸都是多大的啊？待学生回答后，告知学生，我们今天要来画一幅不一样的画，叫作巨幅画，也就是在很大的画纸上创作。

提示：注意语言应生动，引起学生好奇心。

② 向学生展示作画用的白纸。让学生摸一摸、看一看、玩一玩，感受巨幅画纸。引导学生讨论在大大的画纸上作画与平时作画可能会有哪些不同，应该注意些什么问题。

提示：尽量引导学生，让学生自己想出不同点和应该注意的地方。提示学生可以用自己的身体包括手、脚、膝盖等部分来作画，但是应该注意调整自己的身

体姿势，维持平衡，保持作品不被破坏。

发展活动

①我们来创作：让学生用颜料来作画，可采用蹲、跪等姿势在地上用水粉笔作画，也可以允许学生在手、脚、膝盖上蘸安全颜料，用身体来作画，但应提示学生注意调整姿势，不要超出画纸边界，不要破坏作品效果。

提示：颜料必须是安全颜料。不同能力的孩子可采用不同的作画方式，不强行要求，鼓励孩子多多尝试。

②画作修改：将颜料收起来，把手和身上的颜料洗净后，用蜡笔对作品进行修改和润色，可以描边，也可添加新的东西，注意在画作上灵活移动，不要破坏作品。

提示：若颜料未干，可以先帮助孩子把身上的颜料洗掉，再回来继续创作。对于抓握能力不好的孩子，可运用一些辅具，如加粗的笔套等，帮助孩子独立完成画作，体验成功。

结束活动

相互展示作品，说说创作巨幅画的感受和收获。

提示：老师总结之前，应逐一点评，表扬每一个孩子画作的闪光点，激发孩子的信心。

5. 活动效果评量

姓名：　　　　　　　　　　　　　　出生年月：

实施时间：　　　　　　　　　　　　负责老师：

阶段	活动	目标	形成性评量					评量方式	评量结果	通过与否	教学决定	备注
			1	2	3	4	5					
热身	感受巨幅画纸	能吸引儿童兴趣										
		儿童能感受画纸的大小、质地										
发展	身体绘画	儿童能了解身体可以作画的部位										
		儿童能掌握身体可以作画的大动作										
		儿童能利用肢体动作进行绘画创作										
	画作修改	儿童能利用新画材修改作品										
		儿童能保护作品不被破坏										
结束	作品展示	儿童能相互展示作品										
		儿童能整理媒材										

评量方式： a 操作，b 纸笔，c 问答，d 观察，e 指认，f 其他
评量标准： 1 完全未达到，2 少部分达到 25%，3 部分达到 50%，4 大部分达到 75%，5 完全达到
教学使用： P1 大量协助，P2 少量协助，M 示范提示，V 口头提示，G 手势提示
教学决定： C 继续，S 简化，P 扩充
通过与否： √通过，× 不通过

三、特殊儿童精细动作发展美术活动设计

（一）美术与精细动作

美术活动提供了一个绝佳的机会，让儿童由简到繁地去练习手部的操作动作，增进手部及手和眼在绘画时的协调能力。绘画的动作涉及肩膀关节运动和运用手肘、手腕及手指关节的运动。在一系列的美术活动中（如，折纸、印刷、喷绘、室外写生、泥工、剪贴等）儿童总是用眼观察、动脑思考、双手参与，这对他们手部肌肉的发育、各种动作的协调发展，起着促进作用。手工美术活动可帮助儿童通过视觉、触觉、动觉之间的配合，锻炼手部小肌肉动作的协调性、灵活性，提高形象思维的能力和形成立体概念。

（二）活动范例：纸团大作战（活动设计：旷才先、万秀峰）

1. 活动目标

① 通过撕扯废旧书报，制作纸团等过程，促进身体动作发展。

② 通过绑胶带连接、加固、描画等过程，促进手部物品操弄能力发展。

③ 通过创意制作，激发学生想象力。

2. 活动准备

材料：废弃书报、纸箱

画具：彩色笔、纸质胶带、剪刀

3. 重点与难点

重点：通过撕扯废旧书报，制作纸团等过程，促进身体动作发展。

难点：通过绑胶带连接、加固、描画等过程，促进手部物品操作能力发展。

4. 活动过程及策略

热身活动

教师引导：这些废旧书报，可以用来做什么呢？可不可以用来做手工艺品呢？

待儿童回答后，教师引出今天活动主题：今天，我们就要用这些废旧书报来进行创意大比拼，制作精美的手工艺品。

提示：准备的书报杂志，尽量多样化，包含纸张大小不同、软硬各异的各种纸，使儿童能有多种体验。

发展活动

（1）简单加工

让儿童随意将废旧书报撕成条状或片状，然后揉成大小不同的球。可引导儿童用不同身体部位帮忙，如手、胳膊、脚、屁股等。

提示：加工时，可以与儿童合作，提示儿童运用多个身体部位来尝试加工，如可以用手撕纸，也可以用脚把报纸踢破，还可以用胳膊帮忙。做纸团时，小纸团可以用手搓，大的可以用手臂，还可以用屁股、背、肚子等对纸团加压，让它定型。总之，应尽可能多地调用儿童全身大小肌肉。

（2）纸团投篮

在桌子中央放一个纸箱，让儿童将自己做好的纸团逐个投入纸箱，比一比，看谁投得准。

提示：这一环节是在帮助我们收纳整理，为接下来的创作创造条件，同时投篮这一环节，也是为了训练儿童物品操作能力，发展儿童的粗大动作。纸箱的远近可根据儿童能力调整，尽量使活动有趣，不要过分超出儿童的实际能力，避免受挫。

（3）创意造型

让儿童用纸质胶带连接和加固纸团，发挥自己的想象力，制作自己的作品，完成后，用彩色笔在作品上添加自己想添加的东西，进行细节加工。

提示：胶带应选用可书写涂色的纸质胶带，为细节加工做准备。连接和加固纸团环节，可合作完成，帮助儿童解决肌肉力量不足等问题，但教师应辅助，不应过多干涉孩子的想法。彩笔加工部分，对手部精细能力较差的儿童，可采用辅具，如加粗笔套等，帮助儿童独立完成作品，体验成功。

结束活动

教师和儿童互相分享自己的作品，让对方猜一猜自己做的是什么，比一比谁的作品最有创意，并总结本次创作的感受和收获。

提示：多多鼓励儿童，表扬本次创作中做得好的地方，提高儿童信心。

5.活动效果评量

姓名：　　　　　　　　　　　　　　出生年月：

实施时间：　　　　　　　　　　　　负责老师：

阶段	活动	目标	形成性评量					评量方式	评量结果	通过与否	教学决定	备注
			1	2	3	4	5					
热身	引出主题	能吸引儿童兴趣										
		儿童能理解废旧书报的不同用途										
发展	纸团的制作与玩耍	儿童能撕扯废旧书报，并制作纸团										
		儿童能将纸团投进纸箱										
		儿童能用纸质胶带连接加固纸团										
	创意造型	儿童能利用纸团进行创意造型										
		儿童能在纸团上涂色										
结束	作品分享	儿童能分享作品并评价创意										
		儿童能整理媒材										

评量方式：a 操作，b 纸笔，c 问答，d 观察，e 指认，f 其他
评量标准：1 完全未达到，2 少部分达到 25%，3 部分达到 50%，4 大部分达到 75%，5 完全达到
教学使用：P1 大量协助，P2 少量协助，M 示范提示，V 口头提示，G 手势提示
教学决定：C 继续，S 简化，P 扩充
通过与否：√通过，× 不通过

四、特殊儿童认知能力发展美术活动设计

（一）美术与认知

特殊儿童通过美术创作，用非语言工具将思想和认识表达出来，并在过程中运用符号、形状等内容，锻炼想象力和创造力。参与美术活动中的创作，如画线条、涂色、描红、临摹等可以促进特殊儿童的认知能力发展，发挥其创造力。通过美术创作，还可以培养特殊儿童独立思考和解决问题的能力，将各种知识和经验重新组合，培养丰富的联想与想象力，使作品带上独特的个性和创造色彩。

（二）活动范例：彩色的树叶（活动设计：杨梅、叶青青）

1.活动目标

① 让学生改变传统对树叶颜色的观念。

② 让学生能听懂指令，按照程序完成活动。

③通过不同颜色的涂料让学生感受彩色的魅力。

2. 活动准备

树叶：不同形状的树叶（如枫树的叶子、枇杷树的叶子等）

画具：各种颜色的水彩笔、蜡笔、水彩颜料；不同颜色的卡纸、固体胶

图片：各种树叶图片

音乐：轻松欢快的乐曲

3. 重点与难点

让学生体验物品可以通过改变颜色变得不一样。

4. 活动过程及策略

热身活动

（上课之前要教育学生进行基本的上课礼仪的训练，如，上课起立、相互问好等；过程中要进行纪律整顿。）

①老师提问：你们见过树叶吗?

②老师再提问：那树叶都有些什么形状的呢?

③同学们热烈的讨论，然后老师在 PPT 上面展示不同形状的树叶。

④老师问：同学们看看这些树叶都是什么颜色的?

发展活动

①老师将事先准备好的真实的未涂色的树叶展示给同学们看、摸、闻，让学生感受真实树叶的质感、颜色、气味等。

②老师将事先已经涂好色彩的树叶展示给同学们看、摸、闻，让学生仔细观看、对比涂色的和没有涂色的树叶之间的区别和联系，比如形状和颜色上的区别。

③将事先准备好的粘满不同色彩树叶的卡纸展示给同学们看。

④老师分小组带大家出门去看看教室外有哪些树叶，选择一些自己喜欢的树叶，拿回教室。再选择自己喜欢颜色的画笔或者颜料进行涂画。最后将树叶粘在喜欢的卡纸上。

提示：此活动过程中教师要积极关注，随时巡查学生的完成情况，可时不时加以指导，将音乐节奏和活动结合起来，调动大家的积极性。

结束活动

先让学生分享自己的感受，再回忆今天所学内容，重申主题。

提示：结束活动之后要进行结束语的训练，如下课起立、再见等。

5. 活动效果评量

姓名：   出生年月：

实施时间：   负责老师：

阶段	活动	目标	形成性评量					评量方式	评量结果	通过与否	教学决定	备注
			1	2	3	4	5					
热身	树叶展示	能吸引儿童兴趣										
		儿童能提取和树叶有关的经验										
发展	树叶的探索	儿童能了解树叶的质地、颜色和形状										
		儿童能区辨涂色和未涂色树叶										
		儿童能欣赏老师展示的树叶贴画										
	树叶画创作	儿童能选择喜好的树叶										
		儿童能在树叶上涂色										
		儿童能进行树叶画的粘贴										
结束	作品分享	儿童能分享创作的感受										
		儿童能整理媒材										

评量方式：a 操作，b 纸笔，c 问答，d 观察，e 指认，f 其他
评量标准：1 完全未达到，2 少部分达到 25%，3 部分达到 50%，4 大部分达到 75%，5 完全达到
教学使用：P1 大量协助，P2 少量协助，M 示范提示，V 口头提示，G 手势提示
教学决定：C 继续，S 简化，P 扩充
通过与否：√通过，× 不通过

五、特殊儿童沟通能力发展美术活动设计

（一）美术与沟通

参与美术活动有利于培养特殊儿童的语言表达与沟通能力。美术活动可以训练特殊儿童建立画面内容和口头语言之间的联系的能力。一方面，作品通过色彩、线条、形状、构图描述事物或情节为特殊儿童提供信息。另一方面，特殊儿童通过与教师、同伴的对话、讨论乃至争论，表达自己的理解和感受，也倾听别人的感受。同时，借由团体美术活动，能让他们表达自我，并且有意识与无意识地和其他人沟通。通过一个不仅用言语表达的方式和他人互动，能够满足特殊儿童的社交需求。

团体美术活动可以提升特殊儿童较良好的互动与沟通表达行为，从活动初期的被动、不参与，逐渐进步为部分参与表达，到最后愿意主动参与。艺术创作表达与分享的活动，可以增加同伴互动的机会，从而鼓励儿童自发性的互动，提升彼此对同伴的正面看法与接纳，改变特殊儿童平日的相处的模式。

（二）活动范例：团体绘画（活动设计：旷才先、邓亦萱）

1. 活动目标

① 能够积极参与活动。

② 学会在活动中轮流等待。

③ 能表达自己的想法。

④ 能理解他人的意思。

⑤ 在完成作品后会与团体中的成员分享。

2. 活动准备

纸张：大图画纸一张

画具：马克笔、水彩笔、油画棒、彩铅、蜡笔等

图片：主题相关的图片与对应文字

音乐：舒缓的音乐

3. 重点与难点

重点：通过绘画的形式来增加与同伴之间的互动，提高人际交往能力。

难点：让学生能够轮流等待，与同伴进行合作。

4. 活动过程及策略

热身活动

① 老师提问：同学们周末的时候都会干什么呢？有没有去公园玩的呀？公园里都有些什么呀？

提示：根据每次活动的主题来设计相关提问，注意要与学生的实际生活密切相关，要充分发挥学生表达的积极性。

② 待孩子发言后，老师讲解今天的活动主题，规定课堂规则。

③ 拿出各种画具，让学生挑选自己喜欢的画具，围圈坐好。老师拿出全开白纸，平铺在学生面前。

提示：根据学生多少选择纸张大小。

发展活动

①老师先让同学们轮流画公园里的东西，可以一个学生画一个物品，也可以一个学生画出一部分后，下一个学生接着画。

提示：当一个学生在作画时，要关注其他学生，引导他们等待。当合作画一个物品时，老师要引导他们交流想法。

②让学生坐好，座位对应纸张的位置，自由作画。

提示：老师在一旁指导协助。

③当完成作品后，首先一起欣赏共同完成的内容，然后各自分享自己所画内容，其他人欣赏。

提示：引导学生表达自己所画内容，学会欣赏他人作品；老师要给予及时的点评与夸奖。

结束活动

一起收拾课堂环境，整理好画具等教学材料，要求学生下次再去公园玩时仔细观察公园里的事物，与同学之间互相握手道谢，最后将画保留下来，展出、拍照等，结束活动。

5. 活动效果评量

姓名：　　　　　　　　　　　　　出生年月：

实施时间：　　　　　　　　　　　负责老师：

阶段	活动	目标	形成性评量					评量方式	评量结果	通过与否	教学决定	备注
			1	2	3	4	5					
热身	公园的探讨	能吸引儿童兴趣										
		儿童能提取和公园有关的经验										
发展	轮流画	儿童能画出和公园有关的物品										
		儿童能在等待观察后绘画										
	团体自由画	儿童能和同伴同时自由绘画										
		儿童能和同伴表达交流创作的作品										
结束	总结结束	儿童能和同伴共同欣赏各自的作品										
		儿童能整理媒材										

评量方式： a 操作，b 纸笔，c 问答，d 观察，e 指认，f 其他
评量标准： 1 完全未达到，2 少部分达到 25%，3 部分达到 50%，4 大部分达到 75%，5 完全达到
教学使用： P1 大量协助，P2 少量协助，M 示范提示，V 口头提示，G 手势提示
教学决定： C 继续，S 简化，P 扩充
通过与否： √ 通过，× 不通过

六、特殊儿童社会技能发展美术活动设计

（一）美术与社会技能

团体美术活动是特殊儿童喜欢的形式之一。团体美术活动重视团体成员之间的交流、配合，可以促进社会技能的发展。儿童通过进行团体性美术活动获得社会生活经验，懂得分享与合作，提高理解能力。这对加强其融入社会活动的能力有着积极作用。

参与美术活动可以培养特殊儿童对家庭、学校和社会的环境适应能力。美术活动的创作表现使学生能分辨主体与客体的关系，可以引导学生认识物我关系与人际关系等。创作和家庭、团体有关的美术主题，均可以促使儿童去反思自己和家人及同伴的关系。团体的美术创作以及创作后的分享与小组讨论，也能有效促进儿童的社会功能，发展出积极的能力。

（二）活动范例：你说我画（活动设计：周雯妮、杨晓东）

1. 活动目标

①引导孩子们想象可以在画作中填充什么内容，将社会生活中的情景、事物和自然景观投射到画作当中。

②鼓励孩子多说话，多和别人进行交流，让他们说出自己的想法，在与别人的沟通中发展人际关系。

③鼓励孩子将自己头脑中的事物或者情境通过图画表达出来，以达到提升儿童迁移能力的目的，将他们在学校和社会中学习到的内容迁移到他们的绘画作品当中。

2. 活动准备

纸张：四开纸（每个孩子一张）、八开纸（每个孩子一张）

画具：铅笔、描线笔、水彩笔、蜡笔、颜料、调色盘

音乐：轻松欢快的音乐

3. 重点与难点

重点：孩子与小伙伴之间的交流、沟通的畅通度会影响孩子们对将要进行的画作内容的理解程度。

难点：要让孩子们将现实中的情景和事物转化为图画中的具象或抽象的笔画。

4. 活动过程及策略

热身活动

①老师分别将孩子们分组，2人一组。

注意：分组要充分考虑到孩子的障碍类型，最好将孩子进行互补的分类。

②老师让孩子们对跟自己一组的小伙伴做自我介绍，此时老师可以请一位小朋友上台跟老师配合，以达到激励其他小朋友的目的。

③做完自我介绍之后，老师安排孩子们在固定的地方坐下。

发展活动

①和孩子们聊聊他们喜欢的图画、情境、事物是什么，然后根据少数服从多数的原则确定今天画画的主题，如职业、我的一天等。

②确定了画画的主题之后，老师拿出一些跟主题相关的图片或画作来展示，让孩子们从中找灵感。

③一个学生根据今天的主题说出需要另一个学生画画的内容，如一个学生说医生，另一个学生则需要在他自己的纸上画一个医生。

④一个学生完成画作后，两人调换身份由另一个学生进行画作。

结束活动

当孩子们完成了各自的画作以后，老师让孩子们站到讲台上介绍他们的画作，包括画作的内容，或者是为什么要画的原因，然后结束。

5. 活动效果评量

姓名：　　　　　　　　　　　　　出生年月：

实施时间：　　　　　　　　　　　负责老师：

阶段	活动	目标	形成性评量					评量方式	评量结果	通过与否	教学决定	备注
			1	2	3	4	5					
热身	认识你我	能吸引儿童兴趣										
		儿童能做自我介绍										
发展	确认主题	儿童能选择并确定绘画的主题										
		儿童能在老师引导下寻找绘画细节										
	你说我画	儿童能用语言表达绘画的主题										
		儿童能根据主题描述进行绘画										
		儿童能进行绘画角色的互换										
结束	作品分享	儿童能在班级分享作品										
		儿童能整理媒材										

评量方式：a 操作，b 纸笔，c 问答，d 观察，e 指认，f 其他

评量标准：1 完全未达到，2 少部分达到 25%，3 部分达到 50%，4 大部分达到 75%，5 完全达到

教学使用：P1 大量协助，P2 少量协助，M 示范提示，V 口头提示，G 手势提示

教学决定：C 继续，S 简化，P 扩充

通过与否：√通过，× 不通过

七、特殊儿童情绪发展美术活动设计

（一）美术与情绪

美术表达与创作的活动，让特殊儿童利用非语言工具，将混乱的心绪、困惑的感受梳理到清晰、有趣的状态。可将压抑的情感与冲突发泄出来，并且在美术创作的过程中获得疏解与满足。

参与美术活动能帮助特殊儿童培养健康的情感。美术活动有利于特殊儿童情感宣泄，使身心发展得到平衡，还能陶冶情操，使情感得到升华。特殊儿童通过绘画，可以充分表达自己的内心情感和对外部世界的感受，展现出比较高级的复杂情感动机。

（二）活动范例：画愤怒（活动设计：刘梦瑶、钱晓程）

1. 活动目标

①能够自己用简单的线条表达此时的情绪。

②自己会选择合适的颜色表达情绪并赋予情感意义。

③可以结合各种线条形态与不同色彩来表达创作时的情绪。

④利用绘画再现引起愤怒情绪的场景。

⑤在完成作品后会与团体中的成员共同探讨作品中充斥的情绪，并且讨论控制愤怒的方法。

2. 活动准备

纸张：素描纸若干

画具：马克笔、水彩笔、油画棒、彩铅、蜡笔

3. 重点与难点

学生能够做到自己为不同的线条形态、色彩以及画具的质感来定义所包含的情绪，并在美术活动中寻找自身情绪的平衡点，表达并控制愤怒等不良情绪。

4. 活动过程及策略

热身活动

①老师提问：孩子们，当你们感到非常生气的时候你们会做什么？身体又有哪些感受？

②待孩子发言后，老师可以说说自己在生气的时候有哪些表现。然后可以展示此次活动所需要的媒材，并告诉孩子们：在我们生气的时候，我们有时会想哭闹，有时会想大叫，有时会想砸碎东西，都是为了让别人知道我们生气了。老师今天告诉大家另一种方法，也可以来表达我们的怒气。

发展活动

①给学生每人发一张纸，并让学生自己选择想要的颜色和画具，拿到媒材后请学生画出自己的愤怒（生气时身体的感觉或者还原令自己生气的场景）。

②孩子们完成自己的作品后，在老师的指导下分别来分享一下自己的作品中哪些元素代表了愤怒的情绪，是如何表达的。

③大家互相欣赏团体中其他成员的作品，体会他们的愤怒，并说一说和自己的有什么不同。

④老师指导：画完了愤怒，我们就将我们心里不好的情绪都发泄排出来了，那么现在，我们要放一些美好的东西进去。大家再次选择自己想要的颜色与画具，我们来画一画开心、欣喜。

⑤等学生完成后，来讨论自己的两幅作品更喜欢哪一幅，分享一下理由。

提示：情绪是一种抽象的概念，有的孩子在创作时不一定能够再现令他生气的场景，因此作品也大都是抽象的线条与色彩，遇到此类情况时不应加以干涉，而是鼓励其继续创作。这一项内容是引导学生在日常生活中多多保持好的、积极向上的情绪而少一些愤怒、忧郁的情绪，因此如果孩子在这里出现偏差要及时引导。

结束活动

将之前画的"愤怒"一起撕掉、扔掉，宣泄不良情绪，然后将"开心"的画保留下来，展出、拍照等，结束活动。

5. 活动效果评量

姓名：　　　　　　　　　　　　　　出生年月：

实施时间：　　　　　　　　　　　　负责老师：

阶段	活动	目标	形成性评量					评量方式	评量结果	通过与否	教学决定	备注
			1	2	3	4	5					
热身	感受情绪	能吸引儿童兴趣										
		儿童能用语言或身体表达情绪感受										

续表

阶段	活动	目标	形成性评量					评量方式	评量结果	通过与否	教学决定	备注
			1	2	3	4	5					
发展	画愤怒	儿童能利用颜色表达愤怒的情绪										
		儿童能理解愤怒情绪绘画表达的元素										
		儿童能和同伴分享愤怒的感受										
	画开心	儿童能转换情绪状态										
		儿童能利用颜色表达开心的情绪										
		儿童能比较不同情绪绘画的作品										
结束	作品的处理	儿童能宣泄愤怒情绪并保留开心情绪										
		儿童能整理媒材										

评量方式：a 操作，b 纸笔，c 问答，d 观察，e 指认，f 其他
评量标准：1 完全未达到，2 少部分达到 25%，3 部分达到 50%，4 大部分达到 75%，5 完全达到
教学使用：P1 大量协助，P2 少量协助，M 示范提示，V 口头提示，G 手势提示
教学决定：C 继续，S 简化，P 扩充
通过与否：√通过，× 不通过

本章参考文献：

［1］玛考尔蒂.儿童绘画与心理治疗——解读儿童画 [M].李甦，李晓庆，译.北京：中国轻工业出版社，2005.

［2］孔起英.皮亚杰儿童发展理论与学前儿童绘画的发展和教育 [J].学前教育研究，1996（4）：18-21.

［3］侯祯塘.儿童美术发展与特殊儿童美术教育 [C].台湾：屏东师范学院特殊教育文集（四），2002：76-128.

［4］严虎.儿童心理画：孩子的另一种语言 [M].北京：电子工业出版社，2015.

［5］陆雅青.艺术治疗——绘画诠释：从美术进入孩子的心灵世界 [M].重庆：重庆大学出版社，2009.

［6］山中康裕，饭森真喜熊，德田良仁，等.艺术疗法 [M].吉沅洪，黄正国，顾佩灵，等，译.南京：江苏教育出版社，2010.

［7］孙霞.特殊儿童的美术治疗 [M].北京：北京大学出版社，2011.

［8］金野.特殊儿童艺术治疗 [M].南京：南京师范大学出版社，2015.

［9］荷伯豪斯，汉森.儿童早期艺术创造性教育 [M].邓琪颖，译.南宁：广西美术出版社，2009.

［10］陶琳瑾.儿童艺术治疗 [M].南京：江苏教育出版社，2010.

［11］格罗姆.儿童绘画心理学——儿童创造的图画世界 [M].李甦，译.北京：中国轻工业出版社，2008.

［12］乔利.儿童与图画——解析儿童绘画心理 [M].李甦，译.南宁：广西美术出版社，2018.

［13］爱德华斯.艺术疗法 [M].黄赟琳，孙传捷，译.重庆：重庆大学出版社，2016.

第四章

特殊儿童戏剧活动设计与指导

第一节　特殊儿童与戏剧活动

一、戏剧与戏剧活动

戏剧有着悠久的历史，原始部落的祭祀活动和宗教活动中所包含着的歌、舞、角色、情节等元素，就是最早的戏剧萌芽。随着人类社会的发展，戏剧的形态、功能等也在不断发生着改变。在众多的艺术门类中，戏剧最为接近人类生活原本的面貌，戏剧的内容和表现形式也最能反映当下社会人们的思想感情和生活状态。戏剧本身具有极强的综合性，集文学、美术、音乐、舞蹈、建筑等于一体。戏剧在人类生活中又呈现出多元的价值取向，在剧场美学、教育领域以及心理治疗等方面具有不同的内涵和特点。在中西方戏剧应用的价值取向研究中，剧场中的戏剧、教育中的戏剧、治疗中的戏剧是基于不同的戏剧观点取向的实际应用。

（一）戏剧在不同领域的运用

戏剧观点取向存在"本质论"和"工具论"两种，也有学者认为戏剧的观点取向分为追求剧场美学价值和强调社会功能价值两种。本质论或者剧场美学是以戏剧表演、演员培养、舞美设计为基础，在剧场呈现戏剧作品，期待达到剧场、观众、戏剧整合共鸣的效果。工具论或者社会功能则主要是把戏剧作为一种手段，以此促进参与者的发展、个人成长。以下介绍戏剧在不同领域运用的内涵。

1. 戏剧表演

走进剧场观看演员的演出，观众在其中获得丰富的情感体验和美妙的视听享受，这可能是多数人在看到"戏剧"二字时直接的反应。歌德曾说：你像个国王，悠闲自在地坐在那里，让一切在你眼前掠过，让心灵和感官都获得享受，心满意足。那里有的是诗、是绘画、是歌唱和音乐，是表演艺术，而且还不止这些！这些艺术和青年美貌的魔力都集中在一个夜晚，高度协调合作来发挥效力，这就是一餐无与伦比的盛宴啊！

歌德这一段诗一样的语言，实际上将戏剧作为一种舞台表演艺术的特点表达得淋漓尽致。在剧场美学范畴内的戏剧，是以舞台演出的形式而存在的一种艺术表现，它是以演员扮演角色，以演员的动作和对话为主要表现手段，为观众当场表演故事的一种艺术样式，其内涵可以确定为：演员扮演角色，在舞台上当众表演故事。剧场美学范畴的戏剧具有专业性、虚拟性、空间性、时间性、情节性等特点。通过戏剧文学、演员表演和全方位舞台建构来阐释对于人类来说具有非凡意义的价值和理念，使观众获得"真"的感动，"善"的启迪，"美"的陶冶。可以说，戏剧表演是追求高尚的艺术审美结果的一种形态。

2. 戏剧教育

戏剧与教育自古以来就有着密切的联系。在人类文明的发展中，戏剧常常被当作一种教化的方式。在西方，戏剧教育有着悠久的历史传统，如古希腊雅典城邦的公民教育中，戏剧教育是其中重要的一部分。我国古代的"六艺"，也包含着戏剧教育的元素。现在我们对戏剧教育的系统科学的探讨，始于二十世纪二三十年代。经过近一个世纪的不断探索和发展，戏剧教育已经成为一类专门的艺术教育门类。这里说到的戏剧教育，是与音乐教育、美术教育等相对而言的艺术教育门类。

戏剧教育有狭义和广义之分。狭义的戏剧教育指专业戏剧教育，由专门的艺术院校承担，培养编剧、导演、演员及舞美音效等专业戏剧从业人员，其最终的艺术追求是集戏剧文学、演员表演、舞台艺术等为一体的戏剧表演综合艺术。广义的戏剧教育，包含非专业的戏剧活动，它面向社会全体人群，旨在全面发展人的教育，是戏剧融入教育的一种方式。作为与戏剧表演形态的区别，一般谈到的戏剧教育是面向全体在学人群的普适性教育，不着眼培养具有艺术天赋的人才，不走专业化教育的道路，这里的戏剧教育为全体学生所享有，为全体学生服务的。戏剧教育的终极目标是人格教育，通过审美活动及审美能力的培养，让学生获得圆满和谐的人格，完善的美的德行，以及戏剧表演以外的诸多能力。因此，戏剧教育实际是把戏剧方法和戏剧元素应用到课堂和社会文化活动，在戏剧活动的实践中达到学习目标，强调学习者的创造、参与、互动、反思的过程。

3. 戏剧治疗

在戏剧的发展本源中已经能够看到戏剧对人类精神、心理、情感方面的深刻影响。戏剧治疗功能是古老而悠久的，但是戏剧治疗作为一门学科，建立起系统的理论构架和治疗方法还是在二十世纪四五十年代。英国戏剧治疗协会对戏剧治疗的定义是：戏剧治疗是一种方法，协助个人了解并减缓社会及心理问题、精神疾病与身心障碍，促进在独处时或团体中以口语和身体沟通的创造性架构来接触自己本身并做象征性表达。

（二）特殊儿童戏剧活动的构成元素及特点

1. 特殊儿童戏剧活动

特殊儿童戏剧活动是将戏剧教育和戏剧治疗的基本理念结合起来，以创造性戏剧和教育戏剧的形式开展活动，促进特殊儿童在感知觉、身体发展、言语发展、认知发展、社会性发展等一系列功能性能力上的进步，使特殊儿童达到身心平衡状态，积极适应社会生活，完成个体的全面发展。

2. 特殊儿童戏剧活动构成元素

（1）活动成员构成

活动成员包括领导者和参与者。领导者以中介者的方式来组织团体，是活动的中心。参与者则是戏剧活动的主体，参与整个戏剧的建构和探讨过程。

（2）活动内容与方式

戏剧活动以"人类生活"为来源，包含与参与者能力水平相符合的特殊儿童发展领域的相关活动。在活动方式上是以戏剧艺术为构架，借戏剧艺术的基本表现形式，如塑造人物、创造情节、建构主题、制造对话、想象造型、制造特殊效果等作为艺术表达媒介。

（3）教育与康复功能

戏剧活动促进个人的感知觉、身体、言语、认知、社会性等全方位的发展，促进特殊儿童身心发展，改善身体机能，提高社会适应性。

（4）理论基础

戏剧活动以人类的戏剧游戏本能为依据，在学习原则上强调参与过程而非结果呈现，过程中特别强调参与者的行动、想象、体验和反省。

3.特殊儿童戏剧活动的特点

（1）重视人的全面能力发展

戏剧活动以"人"为基本服务对象，以提供参与者正常的发展与成长为目的。由于戏剧本身的综合性特点，对人的能力促进也是多元的。美国心理学家加德纳提出的多元智能理论，认为智力包括逻辑数学智力、语言智力、音乐智力、空间智力、身体运动智力、人际关系智力、内省智力以及自然智力。每一个人都具备这些智力潜能，每一个人都有独特的智能选择。就单独学科来说，我们可以"吸收知识"，但只有当我们积极地运用这些知识来解决问题的时候，才能算得上是运用智能。戏剧活动就为多元智能的运用提供练习的机会，在模拟现实生活的情境和人物关系时，让参与者发挥所长，能充分地运用智能，促进个体的全面发展。

（2）以游戏化方式开展戏剧活动

戏剧活动过程以游戏化方式为主。戏剧的游戏化特点包括模仿、扮演、操作、多人互动、建立规则、产生游戏结果等。在戏剧活动的过程中，领导者应运用丰富的活动技巧，使参与者充分感受戏剧的乐趣。

（3）"做中学"的体验式活动

杜威认为，比起机械的记忆，经验才是学习的关键，教育是"经验的改造与改组"。真正有意义的教育能使儿童把已有经验和当前活动联系起来，创造出新的经验。戏剧活动的"做中学"正是一种体验式教育。体验式教育认为人的学习和成长是"积极尝试—亲身经历—观察反省—总结领会—积极尝试"这样一个不断循环整合的过程。在单纯的反应式学习过程中，儿童经验的获得主要依靠教师讲解和儿童言语上的应答，通过回答的正确或错误来巩固新经验或排除错误概念，因此儿童面临老师评价的压力，可能怕说错而不敢说。而戏剧活动将生活中的事件、艺术作品中的事件、儿童内心产生的想法等转变为可看、可听、可行动并反思的现场过程，儿童可以站在角色的立场和角度体验思考，没有"对与错"，只有"个性化的经验和体验"。生活实践中蕴含的道理、知识、方法和处理问题需要的能力都在儿童的"戏剧"行动中体现了。

（4）充满创意和不确定性

与一般剧场美学中的剧本先行不同，戏剧活动只具有一定的故事构架，情节发展、人物个性、台词对白都是领导者和参与者一起自导、自演、自赏的。戏剧活动的创意过程和不确定性，正是儿童与环境主客体交互作用、"同化"和"顺应"的过程，这个过程不需要成人的灌输和训练。

4. 戏剧活动与戏剧表演不同的价值取向

（1）戏剧活动强调过程而非结果

戏剧表演追求一个完整的剧场呈现效果，而且在排练的过程中都是以最终呈现为目的的，对戏剧艺术的审美特征有较高要求，并以观众的审美特点为指导，追求舞台、观众、演员整合性共鸣。

戏剧活动不是为了观众的欣赏而进行排练，而是以每一个参与戏剧活动的人的成长为目标。戏剧教育参与者都是体验者，用扮演、游戏、创造、反省等方式来进行戏剧活动，在过程中达到教育目标。即使需要呈现，也是自然状态下的真情流露。

（2）戏剧活动强调从模仿到创造的过程

戏剧表演一般会有比较成形的剧本，演员会按照导演的要求来表现角色和剧情。戏剧教育活动一般有一位领导者和若干参与者，在戏剧开始前，并没有完整的剧本，也没有准备好台词，领导者（老师）是用一个构架、一个主题、一个片段在逐渐深入的活动中去引导参与者发展主题、塑造人物、创作台词，表达及沟通彼此的想法感受，最终共同完成某种体验，达到教育目标。

（3）戏剧活动的目的是促进参与者的学习及人格的成长，而非训练舞台的演员

在戏剧创造过程中，我们营造故事情境或模拟生活情境，让参与者去体验生老病死、悲欢离合、爱恨情仇等这些在一般认知学习中比较难见的个人情感体验，在感受、反思、移情中实现自我成长。

（4）戏剧活动是整体学习模式

人类的左右脑是有明确分工的。在一般情况下，人的左脑负责语言、逻辑，右脑负责艺术感受、空间、身体等。而戏剧教育活动能很好地锻炼我们语言、空间、逻辑、人际交往等的综合运用能力，这是一种全脑的学习模式。参与者既可以接受戏剧艺术的熏陶，又能结合相关学科领域或主题进行学习。

二、戏剧活动与儿童的关系

儿童特有的生活是游戏的，是艺术的。我国幼教学者边霞从儿童文化的视角对"艺术"和"游戏"进行了深入而透彻的分析，她认为：儿童的游戏和艺术活动在一开始是同一的，未分化的，融为一体的。儿童的游戏中包含了艺术的萌芽。渐渐地，孕育在儿童游戏中的艺术因素从游戏母体中一步一步分离出来，开始独立，可以说艺术是从儿童的游戏那里直接发展而来的。儿童具有自发的绘画、唱歌、舞蹈等艺术行为能力，同样，儿童在一定年龄阶段也会发展出戏剧能力。儿童天然的戏剧能力表现在能利用假想、假扮的方式，模拟成人的生活和儿童想象中的世界。他们在语言还没有充分发展的时候就会用身体语言表达自己的想法，"身体假装"是他们擅长的"语言"。例如，他们会在没有水杯的情况下假装喝水，会拿起一块积木放在耳边做打电话状。随着年龄的增长，儿童会越来越多地发展出假想游戏，在一个"假装"的自设情境中，儿童试着去揣摩各种角色的想法、语言和行动。与同伴自主活动时假扮的游戏会大量增加，如办家家酒，扮演最喜欢的动画角色，表现某一段情节，扮演故事中的角色，将故事中的情节再现，甚至不拘泥于作品中的情节和语言，自己制造情节、安排环境、使用道具，在互动中相互引导，对同伴的"演出"作出反馈与回应。根据皮亚杰"同化"与"顺应"的认知学习历程，儿童正是借由这样的"戏剧游戏"，开始将自己所了解的世界与自己的认知、感受、情绪、体验等联系起来，用主动建构的方式融入个人主体世界。这是儿童最好的学习情境，这种假扮游戏也是人类最纯朴的戏剧活动。

（一）儿童戏剧能力的发展阶段

美国戏剧学者格林·威尔逊说过："幻想和游戏的一种正规化形式就是戏剧。"儿童戏剧能力的发展与儿童游戏能力、认知能力、动作发展和人格成长的规律紧密相连。根据儿童身心发展的规律，结合对儿童认知能力、游戏能力等的研究，我们将儿童戏剧能力发展分为以下四个阶段。

1. 感官知觉阶段

感觉是刺激物作用于感觉器官，经过神经系统的信息加工所产生的对该刺激物个别属性的反应。感觉是一种简单的心理现象，但是它在人的心理活动中却起着十分重要的作用。只有通过感觉，人们才能够分辨事物的各种属性，感知它的声音、颜色、软硬、重量、温度、气味、味道等；只有通过感觉，我们才能了解自身的运动、姿势以及身体各部分的工作情况。一切较高级、较复杂的心理现象都是在感觉的基础上产生的。可以说，感觉的产生是一切心理活动的基础。就儿童的戏剧能力来说，感官能力的发展是更高阶戏剧能力出现的第一步。此阶段儿童尚处于婴幼儿时期，依靠感知觉获得外界信息刺激，其内在任务是建立外界信任感，对外界刺激产生反应；外在任务是能接受外界刺激，并有简单运动反应。

对于普通儿童来说，0~6个月是此阶段的主要发生期，即皮亚杰理论中感觉动作期（0~2岁）的第一次循环阶段。对于特殊儿童来讲，由于身心发展的速度慢于普通儿童，感官能力的发展会视情况而有较大差异。感官刺激是一种常用的长效戏剧游戏手段，只有充分体验感知觉的刺激，儿童才能逐渐认识客观世界，进而发展出其他能力。

2. 身体运动阶段

身体运动阶段是发展儿童的身体控制能力、方位感、粗大动作、精细动作、手眼协调和肌肉控制的时期。这一阶段，儿童的活动范围扩大，他们开始更多地探索和满足更强烈的好奇心。儿童开始建立现实感，增强自我能力感，并与人建立关系。此阶段的内在任务是建立自我能力感与现实感，实现躯干与四肢的统合；外在任务是开展以本体觉或前庭觉为主的游戏。

对于普通儿童来说，6个月至2岁是身体游戏的主要发生期，儿童开始能够坐、爬、走、跳，掌握并操纵简单的游戏工具，感觉运动能力进一步发展。这一阶段的儿童比较喜欢身体运动的游戏。

身体运动、控制以及动作发展不平衡，使部分特殊儿童在很长的一段时期内需要加强并进行专门的身体动作训练。并且，在开展戏剧活动时，有关身体运动的游戏是特殊儿童戏剧游戏的重要内容。

3. 象征游戏阶段

儿童能用一件物体取代另一件物体，标志着象征能力开始发展，进入象征游戏阶段，儿童的游戏能力就由感官知觉的形态转化为抽象符号形态（大约从1岁开始）。象征能力是儿童具备高级社会戏剧能力的基础。儿童大约在1岁时开始出现物体取代能力，主要表现为单一动作和单一情境的模仿，如1岁左右的儿童会把弯曲的积木当作电话或者拿起空杯子假装喝水。在一岁半至两岁之间，儿童开始把几个象征性动作连接起来，如拿起水壶倒水，然后拿起杯子喝水，这种形态的象征游戏多以个人和物品发起互动。在 3 岁左右，儿童的象征游戏由自我为中心转换到能与他人互动，这是戏剧游戏中角色扮演的萌芽。如娃娃家游戏，儿童开始出现不同的角色，儿童还能跳出角色，安排别人做什么。

特殊儿童的假扮能力受到一定限制，如自闭症儿童的想象、假扮能力较低，对角色的扮演和情境的创设有困难，但正是运用戏剧的假扮的特点，能促进特殊儿童象征能力的发展。对轻中度智力障碍儿童来说，简单的角色关系和情节创设同样是他们喜欢的戏剧游戏形式。同时，多利用以物代物象征手段，能使儿童逐步进入戏剧的情境之中。

4. 社会戏剧游戏阶段

象征游戏从单人单物发展到多人互动，儿童的社会戏剧游戏能力就逐步显现出来了。社会戏剧游戏又称为自发性戏剧游戏，以想象和假扮为基础，有角色分工和互动，有一定的情节和情境，有学者称其为"象征性游戏""假装游戏""想象游戏""扮演游戏"。此阶段的儿童不仅会使用物品或道具，更会加入自身的角色身份，用"人"和"物"在虚拟情境中进行扮演。需要注意的是，扮演游戏是指"自发性"的戏剧游戏，自发性是这一类游戏的本质，并以此和老师带领的、有规则的游戏区别开来。

只要常与孩子接触，就会发现社会戏剧游戏是孩子日常生活的一部分。通过这种"假装"的过程，孩子把自己的经验世界重新建构在虚拟的游戏世界里。这类游戏包含孩子较为丰富的生活经验，如买东西、上医院等，也包括一些他们想象中的人物，如仙女、怪兽、超人等。社会戏剧游戏发生的地点可以是任何地方，如房间、客厅、学校操场等室内室外。社会戏剧游戏的内在任务是利用游戏表达和处理议题，发展社会交往基本能力。外在任务是用身体或物品与他人在想象世界中互动。

普通儿童 1 岁之后（前运算阶段），象征能力快速发展，4 岁左右达到巅峰，之后开始逐渐下降，随着社会戏剧游戏中角色数量的增加，规则开始出现，自发的戏剧游戏逐渐转变为有规则的游戏，儿童思维发展进入具体运算阶段。

对于特殊儿童来说，开展感官戏剧游戏、身体戏剧游戏、简单的象征游戏等是戏剧活动基本能力的训练。具备假装、扮演的表征能力的儿童能较好地进入社会戏剧游戏阶段，尽管这类自发性的扮演水平有限，但如果能及时加入适当引导，特殊儿童的社会戏剧游戏能力同样能充分发展，对其想象力、创造力、表达能力均能起促进作用。儿童能以多重身份、多个角度去发现生活，理解生活，表达个体的感受，体验戏剧游戏的乐趣。

以上阶段体现了儿童戏剧能力发展的进阶性特点，即后一阶段的能力是以前一阶段能力发展为基础的，但后一阶段能力的出现并不意味着前一阶段能力的终止，而是不断累积、叠加，最终以全面、综合的能力驾驭戏剧活动的开展。

（二）戏剧活动对儿童发展的意义

近年来，关于戏剧教育活动（包括创造性戏剧和教育戏剧）对儿童身心发展影响的研究和报道多有发表，戏剧教育活动也受到一定程度的关注。研究者一般从戏剧教育对儿童的社会性发展、认知发展、身体动作发展以及语言发展等角度，分析戏剧教育之于儿童的重要作用和意义。从国内外的研究成果来看，戏剧教育对儿童发展具有促进作用。由于在特殊教育领域，针对特殊儿童开展的戏剧活动兼具教育、康复、治疗功能，因此我们在特殊教育领域运用时，称之为特殊儿童戏剧活动，强调戏剧多个层面的运用。

1. 戏剧活动促进儿童社会性发展

戏剧活动对儿童社会性发展的作用包括自我概念、情绪处理、社会观点取代和社交技巧等方面。

（1）自我概念

教育最大的目标就是帮助个人发现及发展自己特殊的潜能。戏剧活动强调参与者自发的创造，能不断地引导每个人去发掘自己内心的"宝藏"，促使自己不断成长，以实现自我。在戏剧活动中，孩子发现自己的声音与身体能创造出多元的变化，自己的想法与感觉能完全地被接纳与认同，他们的自信心和自豪感就会油然而生。戏剧活动不强调剧场呈现，因此戏剧的角色不再专属于少数具有表演天赋的孩子，每一个孩子都能按照自己的心愿扮演心仪的角色，如仙女、公主、英雄、王子等，每一个孩子都可以在自由的创造中以自己的方式展现心中向往的角色。因此，戏剧活动对儿童的自信心、自我概念、自我价值感有显著的提升作用。

（2）情绪处理

在传统的教育课程中，认知能力、学科知识是当仁不让的学习重点，对学习者情绪的关注相对较弱。日常生活中，每个人都会不时感受到自己的各类情绪，而一个成熟的个体应当有能力处理这些感觉，特别是消化处理负面情绪，对每一个人来说都是挑战。戏剧教育活动提供给了参与者很好的"情绪认知"的机会，包括认识、感觉、接受并了解社会行为的因果关系，适当地表达自己的感受以及对别人的同理心。皮亚杰发现儿童会通过下列戏剧情境的转化来控制及舒缓自己的情绪：

①简化或省略剧中人物与情境，以舒缓情绪上的焦虑。例如省略巫婆、怪兽等角色，舒缓害怕的情绪。

②增加或编入额外的人物或情境，以弥补日常生活中被压抑的情绪与行动。如编入妈妈不在家，可以自由看电视、吃零食的情节，以弥补平时被大人过度控制的行动。

③重复扮演相同的戏剧情节，以克服现实生活中不愉快的遭遇。如扮演医生给病人打针，要求病人吃药，以此来克服看医生的焦虑。

④假装让真实或想象的人物因负面行为受罚，以免除自己承受后果的压力。如假装让洋娃娃吃很多零食，然后学妈妈的语气骂洋娃娃不乖，以免除自己被骂的压力。

戏剧活动以故事主题为线索，但是过程充满了趣味性和游戏性，儿童能在过程中感受到安全与接纳。在领导者的鼓励和陪伴下，参与者分享与表达各类情绪感受，通过角色扮演、情绪表达、表情变化等活动，儿童有机会回想、体验以及反省自己和他人的情感世界。儿童将自己的情绪投射到人或物上，在互动过程中重新认识自己的情绪，表达或宣泄自己的感受，最终学会适宜地处理情绪问题。用布兰特的话说，"戏剧活动就是情绪及心理卫生的教育媒介"。

（3）社会观点取代

能从他人的角度来看待问题，称为社会观点取代。儿童时期是以自我为中心的一个阶段，儿童必须在社会化进程中逐渐学会站在不同的角度看待问题、理解他人，才能真正成为社会人，与别人有良好互动。戏剧活动提供了角色扮演和团体互动的机会。在活动中，领导者常常会问："你觉得主人公应该怎么做才能解决这个麻烦？""主人公可以有几种选择，你认为他可以这样做吗，为什么？""主人公心里会怎么想？"孩子在戏剧中替角色思考这一系列的问题，实际上也是在学习站在他人角度考虑。戏剧的优势就在于，不仅停留在思考层面，还能以戏剧特有的"行动"去体验和感受角色的经历。这一切，都为儿童真正的社会互动提供学习机会，使他们在真实生活中也能察觉和留意他人的感觉、情绪、态度和想法。

（4）社交技巧

除了社会观点取代能力外，戏剧活动还能帮助儿童提升社会交往技巧。戏剧活动常以团体活动的方式开展，在团体中孩子们一起计划、讨论、商量、达成共识、采取行动并分工合作。渐渐地，个人与同伴的联系就此建立，戏剧团队也成为一个良好互动的社会团体。在戏剧活动中，领导者非常重视团体动力的作用。当一群陌生人聚到一起，团队动力是薄弱的，很多互动，特别是涉及身体、情绪和心理的互动合作就很难完成。于是建立团队动力就成为戏剧活动中很重要的一类内容。通过游戏、简单任务、语言交流以及共同目标设定等方式，参与者在团队中逐渐感受到彼此的接纳、认同、熟悉、理解，也学会分享、沟通、协商，建立归属感。这样的过程对普通儿童的社交技巧有显著影响，在一个融合（有普通儿童和特殊儿童）的团体中，对每个成员也有积极的改变。

2. 戏剧活动促进儿童认知的发展

认知发展的部分包含智能发展、创造力以及价值判断能力。

（1）智能发展

根据加德纳的多元智能理论，每个人都拥有不同的智能优势组合。传统教育课堂对语言智能和数学逻辑智能有较为突出的要求，而戏剧活动则是整体学习，几乎所有智能都有较大的发挥空间。同时，一切出现在戏剧教育活动中的问题，都不会仅用语言去讨论或解决，而是用行动实际地感受、体验，并解决问题。每一个人都拥有不同的智能优势，在团队合作中，这样的智能优势能最大限度地发挥作用，使个体在团体中发挥不可缺少的作用。我们以身体运动智能为例，戏剧活动的基本活动就是肢体和声音的表达与创作。从模拟各类动物及人物的声音、动作，到参与感官知觉游戏以及故事戏剧，儿童都在实际体验自己的身体如何组合动作、如何在空间中移动，以及怎样与他人维持身体动作关系。通过反复的练习，儿童逐渐明了动作的元素及关系，包括身体部分、用力强度、空间与形状、动作关系等。同时，戏剧活动作为一种教育方法和手段，可以运用在多学科领域，如语言、数学、艺术等，这本身也为儿童的认知发展提供了机会。

（2）创造力

根据皮亚杰的理论，儿童的象征性戏剧游戏能反应其表征思考的运作能力，而表征思考能力取决于儿童是否能创造出心智意象，也就是把不存在的事物想象或创造出来。想象与创造是戏剧教育活动的基础。儿童的戏剧经验的发展过程和人类戏剧发生、发展的过程相似，都是从统整自发的扮演中逐渐分化出戏剧元素，并对戏剧元素加以丰富和拓展。戏剧活动就是一种统整的扮演活动，不是"剧本先行"，而是参与者集演员、观众、剧作家三者于一体，进行集体的创作和扮演。就戏剧情节发展本身来说，选材来自人类生活或幻想世界，儿童需要创造出人物、情节、台词，以及一切与戏剧内容有关的事物，这是一种极富创造力的过程。同时，活动过程中，要赋予头脑中想象出来的人、事、物形象和行动，创设与内容相符的场景，甚至需要一定的音效配合，这一切都是儿童在领导者的带领下主动创造建构的，可以说这一过程对儿童的创造力的提升有极大帮助。

（3）价值判断能力

今日社会信息量极大，价值观点多元复杂。个人与世界的接触随着网络的发展而更为广泛。曾有戏剧教育者提出，面临今日这种纷乱繁杂的多元世界，如何协调儿童与他人和平共处是当务之急。戏剧教育为儿童提供了接触各种人物的情境，体验社会的多元文化，也学习在复杂的选择中做决定，在多元的价值中做判断。在许多戏剧情境中，儿童有机会用自己的想法与判断去做决定并行动，行动后儿童能马上检核自己行动的后果，了解相关联的因果关系等。戏剧是用"假设"来体验生活，因此在选择上儿童更有弹性，也更有安全感。他们在经历了许多冲突与抉择之后，也体验着生命和生活的无常，在现实中遇到类似的问题，就更能接受、了解且安抚自己，能够冷静地思考。角色扮演能为儿童提供一个正面的工具以用来协助他们建构自我认同感和面对问题的能力。

3. 戏剧活动促进儿童语言发展

戏剧活动对儿童语言的发展分为口语和读写能力发展。语言教育强调听、说、读、写能力和语言的运用能力，在戏剧活动中，有大量的语言表达机会。可以说语言在戏剧活动中起到了相当重要的作用。反过来，戏剧活动又对语言发展起到了积极的促进作用。

（1）口语发展

戏剧活动过程重视口语的表达，戏剧活动教育策略中包含讨论、即兴口语、分享、交流以及台词创作。戏剧环境尽管是"假装"，但却是对真实社会生活的模拟。这种完整且丰富的"语言环境"正是儿童习得语言和练习语言的最佳条件。在口语能力的贡献上，戏剧教育活动对以下几个方面有促进作用：词汇、句式的积累和使用；声调、语气、表情的控制和变化；不同语言情境下的不同表达方式；创造性的口语创作。

戏剧活动过程中参与者对口语的运用和行动的配合，能加深儿童对文字的敏感和印象。随着戏剧活动的发展，所有的口语都在情境中伴随人物的情感表达出来。表达的词句充满感情，自然会带上动作、手势、表情。扮演不同的角色也带来不一样的口语表达方式，有的快，有的慢，有的粗声粗气，有的低声细语。这种不是基于模仿而是自我展现的口语运用，会让儿童逐渐学会灵活运用非语言技巧。在具体情境中组织、思考并创造语言，对儿童的口语创作能力有很大的促进作用。

（2）读写发展

通过戏剧活动展示文学作品也是一种重要的阅读理解活动。很多戏剧活动内容来源于经典的歌谣、童话等。通过亲身的参与，儿童对这些作品会有更深刻的体会。此外，参与者必须用自己的语言重新组织、思考、诠释且表达对不同故事的观点。对于年龄稍大的儿童，老师会鼓励他们在戏剧活动之后写下或画下自己对故事的感想，这对参与者的阅读和写作能力有很大的提升作用。

4. 戏剧活动促进戏剧艺术美感知觉和艺术能力

尽管戏剧活动的目标并非排练一出完美的戏剧登台表演，但是活动创作过程也需要儿童了解戏剧的基本要素（如角色、剧情、道具、场景等）。通过想象，儿童可以把教室变为任何一种空间，把桌椅板凳变成山石树洞，自己化身为任何一个想象中的角色。现实中的人物、场景，文学作品中的人物、场景都能神奇地挪移到戏剧空间，让儿童去经历、去感受。如此深刻的体验，为儿童开启了早期欣赏戏剧艺术之门，同时也能培养儿童对生活的鉴赏和观察能力。而且，相对于儿童单向观看节目，戏剧活动是儿童亲身参与的，这样获得的经验更加丰富，印象更为深刻。

（三）戏剧活动对特殊儿童发展的意义

戏剧活动对特殊儿童的成长发展同样具有非凡的意义。尽管特殊儿童在智能、身体、动作、语言等方面比普通儿童发展得慢一些，发展也极具个别化特点，但是他们在戏剧活动中同样能收获社会交往、情感表达、身体机能等方面的锻炼与发展。由于戏剧活动在内容、主题以及引导方法上富于弹性，利用戏剧活动与特殊儿童进行互动，完成生活学习任务会更加有效和富于乐趣。戏剧活动之于特殊儿童的意义，除了如前所述对社会性发展、认知发展、语言发展和艺术审美能力发展有促进作用之外，还包含以下几方面。

1. 戏剧活动满足特殊儿童生理发展的需要

正如鲁宾什坦所说，发展是儿童各年龄阶段的一个特点，它可以突破任何机体的严重疾病。尽管特殊儿童在身心、智能等方面与普通儿童有差异，但是与普通儿童一样，他们也有着旺盛的精力、活泼好动的天性，一样需要多感官、多通道的学习方式才能激发学习的兴趣、体验学习的乐趣。传统学习方式需要较长时间地坐、听、看，并要求较长时间保持某一种姿势，容易使他们感到厌烦和疲劳。戏剧教育采用游戏式、参与式、体验式的学习方式，从感官到动作再到想象，用看、听、说、做的方式，让个体与个体之间、个体与环境之间能充分互动，这样的学习方式符合特殊儿童学习特点，对生理发展有益。

2. 戏剧活动激发特殊儿童对内探索自我、对外探索世界的欲望

由于心智或能力受限，特殊儿童在探索方面可能表现出缺乏主动性或者面向单一，但是他们同样对周围的环境、事物、情景充满了好奇。戏剧活动由领导者带领，将探索变成现实，以活动的方式去了解参与者自己和世界。戏剧活动不是培养演员，每一个孩子都能在戏剧活动中找到适宜自己的方式去学习和表达。这样的学习和表达可能是对自己的认识和探索，也可能是发现自己与世界的联系。特殊儿童借由戏剧活动不仅了解自己、接纳自己，更通过戏剧去学习和探索"我"与世界、"我"与他人的关系。戏剧活动将大千世界的生活状态以戏剧化的方式拉近到孩子身边，为他们打开这扇门，就能展示千变万化的世界。

3. 戏剧活动适应特殊儿童较大的个体化差异

戏剧活动种类丰富、形式多样，从感官到动作，从语言到行动，从小游戏到

完整的故事戏剧，从使用身体探索到使用多种媒材探索，多元的活动形式促进特殊儿童多方面的发展。不同障碍类型的孩子，都能在戏剧活动中找到适合自己的方式。在同一个戏剧教育活动中，因不同能力的发展，对儿童的要求也可以不同，对需要个别化教育的特殊儿童来说，弹性的目标设定更符合他们的发展特点。

第二节　特殊儿童戏剧活动设计

一、特殊儿童戏剧活动的目标

特殊儿童戏剧活动是以促进特殊儿童在感官知觉、粗大动作、精细动作、生活自理、沟通能力、认知能力和社会技能七大领域的发展为核心目标，同时遵循儿童戏剧能力的发展规律，借由戏剧活动实现自我表达，认识、反思和探索世界，通过戏剧游戏、戏剧故事、模拟剧场等形式实现特殊儿童全面发展的功能性活动。

（一）特殊儿童发展培养目标

本书所采用的特殊儿童发展培养目标参考的是双溪个别化教育课程总目标。该目标根据儿童发展规律，将特殊儿童身心发展领域分为感官知觉、粗大动作、精细动作、生活自理、沟通能力、认知能力和社会技能七大领域，并把每一个领域细化成具体可行的任务，对特殊儿童进行个别化训练和培养。

（二）特殊儿童戏剧活动总目标

戏剧活动课程目标是在结合人类戏剧能力发展和特殊儿童课程领域发展目标的基础上提出的。由于特殊儿童之间差异性较大，而且每一个儿童的优劣势各有不同，具体开展戏剧活动时需要结合特殊儿童的个别化教育计划中的长期目标和短期目标。因为戏剧活动课程本身的特点，在针对特殊儿童七大发展领域做戏剧活动设计时，我们保留了其中六个领域的内容，同时将情绪学习和管理增加到社会技能领域。特殊儿童戏剧活动总目标如表 4-1 所示。

表 4-1   特殊儿童戏剧活动总目标

领域	分项	目标
感官知觉	感官知觉输入	①能在引导下运用感官来探索世界，包含运用视觉、嗅觉、听觉、触觉、味觉，对感官敏锐度、感官辨别度、感官记忆以及感官协调性有所促进。 ②形成综合的感官能力，以生活化的经验过程实现感知觉统合。
	感官知觉表达	能将感官知觉带来的感受和情绪通过语言、行动、表情等多种方式表达出来。
粗大动作	身体控制	能够自由控制身体的肌肉，并且拥有身体的稳定性，如在要求下做出快慢、动静、轻重、高低、曲直等动作要求，但是以大肌肉为主。
	空间觉察	能够意识到除了站立直视前方的空间之外，身体运用空间还包含身体两侧、上方、下方及后方，意识到不同维度，并且去探索这些空间。
	身体表达	能够超越一般功能性使用身体的能力，运用身体呈现想象力所创造出的不同意象，能运用身体表达内心的情感与想法。
精细动作	精细动作	①能利用简单工具如剪刀、黏土、纸张、胶水等，在成人引导下制作简单的戏剧玩偶。 ②能操作布偶、手偶、指偶、提线偶等多种可操作的玩偶进行戏剧活动。 ③借由手指的童谣、戏剧活动，促进手指小肌肉群发展。
沟通能力	内在语言	培养注意力、学习动机、静坐等待、模仿能力、遵从指示、适应能力。
	声音运用	①能够在一定范围内有弹性地运用自己的声音，包含大小、长短、快慢、高低、粗细，以及不同的音调等。 ②能够运用声音去表达不同的情绪。 ③能够运用声音去创造出不同的情境、音效等。
	语言表达	①能够模仿某些人物的口语内容或对话。 ②能够在两个人以上的团体展现沟通能力。 ③能够表达自身意见、聆听他人意见，并且为了共同的目标彼此协调。 ④具有使用文字或符号表达自己想法的能力。 ⑤能够使用文字创造情境、角色等虚构的事物。 ⑥能够以角色身份在虚拟的情境中进行假装的互动行为，并且呈现给他人看。
	多元沟通	①运用身体、声音、表情与动作等，向他人表达自己的想法。 ②看别人的动作手势，并按动作手势要求行事；懂图示并按图示要求行事。
认知能力	认知	①运用身体与声音，塑造一个与自己不同的角色，同时能够认知这是虚拟的。 ②能够运用基本认知能力，以及声音身体的创造能力，重现或创造某一情境。 ③能够在戏剧课程上呈现基本认知能力，而这些认知能力是来自生活或其他科目等。 ④能够应用观察能力所观察的结果，以身体或者声音表达出来。 ⑤能够在短时间内做出课程需求的活动。 ⑥能够运用既有经验，去超越事物的外在形象，予以重新组合，创造出新的意义。
社会技能	社会技能	①能够意识到不同速度的节拍变化，并且借着身体或乐器稳定地呈现。 ②能够运用以视力为主的感官，去察觉人事物的特色、位置与彼此关系。 ③能够针对某一或多个议题，思考并表达自我对于该议题的态度与想法，并且能变通。 ④能够进一步使用沟通能力，在团体中进行更复杂的意见交换，使团体朝着某一目标努力。 ⑤能够了解自己在不同情境下的情绪反应，并且思考适当的情绪表达方式。 ⑥能够站在他人立场，了解他人的思想、情感。 ⑦能够借着活动以不同的方式来呈现自我，并且促进自我认识、了解与接纳。

二、特殊儿童戏剧活动的分类

1. 特殊儿童戏剧游戏活动

戏剧游戏是教师引导儿童用感官、身体、表情、声音和语言进行的感知、想象、表达的戏剧教学活动。戏剧游戏有明确的单项任务，如感官刺激、动作控制、声音变化等，通过假扮、行动、情景等戏剧元素来达成单项任务。戏剧游戏兼具练习性、象征性、规则性特点，既可作为单独的活动，又可巧妙地融入故事戏剧和戏剧主题活动中，在热身、预备、展现主题等方面发挥作用。

特殊儿童戏剧游戏针对特殊儿童能力发展的不同领域，将相应的目标任务巧妙地融入游戏活动，由教师带领特殊儿童进入一种或真实或虚幻的戏剧情境中，特殊鼓励儿童充分运用各种感官来感受周围世界，并在这些基础上加以思考、创造，以动作模仿、身体造型和控制、声音表现等形式来表达对自我和他人以及周围世界的认识。

2. 特殊儿童戏剧故事活动

戏剧故事是以故事内容为出发点，将故事构架作为戏剧活动线索，充分挖掘原材料（文学故事、生活故事、社会事件、历史事件）的多元价值，在专门的戏剧活动空间中，领导者带领参与者围绕故事构架，以肢体、声音、语言等身体资源共同创作戏剧的角色、情节和情境，反映自身独特的经历和生活，体验生活议题，发展想象力、创造力、反思能力以及解决问题的能力。一个戏剧故事隐藏着多个维度的目标，因此对特殊儿童能力的发展是综合的、全面的。戏剧故事结合"创造性戏剧"和"教育戏剧"的组织形式，即强调了想象与戏剧行动的结合，使每个参与者自然运用内在机制，将想法转变为行动，同时又在教师的带领下不断思考和反思自己、同伴和角色的言行，从而达到对自己、对同伴、对角色的理解、接纳、认同。如以绘本《好饿的毛毛虫》开展戏剧故事活动，可以有对毛毛虫生长发育的认知了解，也可以挖掘其基础的数字概念，还可以借由毛毛虫钻洞发展儿童的动作能力等。

3. 特殊儿童戏剧主题活动

戏剧主题活动从儿童生活经验出发，设计一系列由易到难的游戏活动，集合一系列相关的领域能力、相关内容的故事，从而帮助特殊儿童提升各项能力、理解意义、整合经验等。

　　特殊儿童戏剧主题活动的主题贴近儿童生活，较多地从个人生活经验、个人生活需求的角度出发来设定主题，包括常用生活经验、自然现象、社会现象。

　　戏剧游戏、戏剧故事和戏剧主题活动三种形式，从活动目标上来说是由简单到复杂、由单一到多层级的进阶。戏剧游戏可以成为戏剧故事的有机组成部分，戏剧游戏和戏剧故事又是戏剧主题活动的有机组成部分。戏剧游戏可以根据单项能力设计活动，目标比较集中，也更能有针对性地促进某一方面能力的发展。戏剧故事具有较强的综合性，能多方面促进儿童能力的发展。戏剧主题是更为庞大的活动体系，系列活动多、完成时间长、内容更加全面。

三、特殊儿童戏剧能力评估

　　儿童戏剧能力的发展反映的是身心全面发展特点，即动作、认知、语言能力、情绪情感、社会性发展的水平。为了针对儿童现有水平设计相应的戏剧活动，同时也能更有效地看到活动前后的变化，在开展活动前应对儿童戏剧能力做综合的评估（表4-2、表4-3）。

表4-2　戏剧活动表现评估表

参与者的表达方法			
活动	1 无	2 短暂使用	3 持续使用
肢体动作			
固定玩弄物品			
象征性地玩弄物品			
以动作表现想象情景			
按规则玩游戏			
短时间角色（单独）			
短时间角色（与他人）			
持续的角色工作（单独）			
持续的角色工作（与他人）			
有脚本的角色			
模仿动作			
依照主题创作动作			
使用模仿声音			
使用模仿声音来表达假设的题材（如人物说话、大海声、爆炸声）			
未参与上述任何一项			

续表

参与团体的程度			
活动	1 无	2 短暂使用	3 持续使用
参与大团体的活动			
在团体面前进行个别的工作			
参与成对的活动			
参与小团体的活动			
与老师进行一对一的工作			
戏剧活动进行中的表现			
活动	1 无	2 短暂使用	3 持续使用
显得注意力集中			
显得乐在其中			
显得有动机			
显得有参与感			
能反映出自己对活动的反应			
能反映他人对活动的反应			

表 4-3 戏剧参与量表

整体活动中注意力集中程度			
□完全集中	□偶尔集中	□常常分心	□无法集中
在参与假设情境时			
□完全集中	□偶尔集中	□常常分心	□无法集中
完成制订工作的程度			
□完成所有工作	□完成大部分工作	□完成小部分工作	□无法完成
使用想象物件的能力			
□充分想象物件	□活动中某些部分	□偶有想象	□完全无法进入
描述细节的能力			
□过度描述	□有用的描述	□少量描述	□无法描述
戏剧中对空间的使用意识			
□可在活动空间中轻松回旋	□能处理与他人公用空间	□将自己局限在狭小空间中	\
面部表情恰当表达情绪			
□适当且持续一致使用脸部表情	□有使用脸部表情的尝试和企图	□完全没有使用脸部表情	\
在角色中恰当使用肢体			
□适当且有效地使用肢体	□较多使用肢体	□较少使用肢体	□没有使用肢体
对他人肢体表达意思的理解			
□完全理解	□大部分工作可以	□小部分工作可以	□完全不理解

续表

能使用声音表达相关情绪			
□适当有效地使用	□大部分时间可以	□小部分时间可以	□完全不行
对他人有所觉察与反应			
□有反应	□大部分时候可以	□小部分时候可以	□完全不行

四、特殊儿童戏剧活动组织

（一）戏剧活动开展前的准备

有别于一般课程的学习模式，戏剧课程是以行动、体验和实践来完成学习任务、达成教育目标的。因此戏剧活动涉及教室空间、活动道具、领导者要求、参与者要求等一系列的问题。在戏剧活动真正开始前，教师需要确定以下几点。

1. 场地

戏剧活动需要相对宽敞的活动空间，根据参与活动人数、内容等来确定空间大小。场地确保整洁、有序，因为涉及身体创作的地面活动较多，一般要求脱鞋进入。活动道具有摆放空间，便于儿童随时取放。需要注意的是，戏剧活动场地要有一定私密性，完全开放的空间（即别人可以随时观看，如操场、球场等）对有些活动开展是不利的，特别是涉及心理和情感的探索与思考类活动。因此较为理想的戏剧教育活动场地是室内空间，可以控制是否让活动以外的人员进入。

2. 人数

戏剧活动不同于"上课"，一位教师讲很多学生听。因为教师是领导者，需要对每一个参与者有足够的关注和互动，因此戏剧活动对人数有要求。一般普通成人参与活动，人数控制在30人左右较为合适；年龄越小，活动人数应相应越少。对于特殊儿童来说，除了主教老师，还应该有1~2名助教辅助；轻中度参与者10~15人、中重度参与者10人以内比较理想。当然，对于具体人数的确定可以视教学目标和教师掌控能力而定。

3. 参与成员构成

对于特殊儿童来说，开展戏剧活动要注意参与成员的障碍类别是混合还是单一，年龄和能力的差异以及性别比。根据成员构成的特质选择适当的游戏类型、难易程度和活动内容。特别需要注意的一点是，戏剧小组要能形成一定的团队动力才利于开展戏剧活动，即团队成员彼此熟悉、彼此信任，团队带领者也需要建立良好的主导关系才能真正进入戏剧游戏或戏剧故事。

4. 活动道具

戏剧活动需要运用大量的道具以营造戏剧场景和人物形象。但是这一类活动的道具与舞台表演的戏剧道具有很大不同，戏剧教育活动道具的特点是生活化、多元化、简单化、创意性。

所有生活中的材料都可能成为戏剧活动的道具，如纸箱、瓶子、卷纸、布匹、各类线绳等不胜枚举。当然，专门的戏剧表演道具也可以运用到戏剧活动中。越是多元、简单的材料，越能带来富有灵感的创造。戏剧活动的场景与人物，可以用最简单的方式代表。如教师入戏时，只要教师一围上围裙，就可以变身为妈妈，一取下围裙，就还原为老师。可以说我们一般舞台意义上的戏剧场景和人物造型在戏剧活动里并不常用到。戏剧活动中所有的塑造和建构都靠参与者自主地创造和展现，领导者只需提供朴素的原材料即可。

5. 戏剧活动方案

戏剧活动方案是戏剧活动开展的重点，后面会详细列举活动方案，在此不赘述。

（二）戏剧活动的实施步骤

特殊儿童戏剧活动是教师依据一定的康复目标，有计划、有组织地设计与实施的。在充分做好活动准备的基础上，教师依据一定的活动引导流程，使用一定的戏剧创作技巧与策略，引导儿童在活动中完成个人能力的提升、学习场景建构、理解故事角色、想象情节发展等，并在协商中共同解决戏剧冲突，从而不断丰富与发展预设主题。

特殊儿童戏剧活动一般分为以下流程。

第一步：问候。以仪式化的程序，确认彼此的状态，感受戏剧的气氛，使彼此注意力逐渐集中到戏剧中。特殊儿童在戏剧课堂的问候方式一般可以阶段性固定（即某一个较长时间段使用同一种问候方式），一旦开始这样的问候仪式，特殊儿童就知道已经进入戏剧课堂。

第二步：热身。一般通过与主题有一定关联性的戏剧游戏进行预热，为参与者创造戏剧的环境气氛，达到注意力的训练及肢体动作的控制与表达。热身活动强调唤醒身体或情绪的积极性，常包含肢体的预热和兴趣的激发，一般会有较多的身体行动。

第三步：开展活动。围绕主题和主要内容开展活动，即进行主要情节的创作，包括场景的创作、冲突的产生与解决，依据一定的故事线索，运用多种艺术表现形式对戏剧的场景、情节以及角色关系进行想象与创作，并对戏剧冲突作出批判性思考。这个环节又包含以下几个阶段：

第一阶段：熟悉主题，熟悉角色，开始想象，彼此连接，进入创作。此阶段根据儿童戏剧创作的"角色先行，情节在后"的特点，领导者利用图书、视频或图像等方式，将故事架构或主要内容讲出来，由学生开始对角色进行创作，假想角色静态的身份、外形，以及动态的行动、语言等。

第二阶段：场景创设和情节发展。运用多种戏剧活动策略，引导参与者发展剧情，塑造角色，同时不断思考和反思。

第三阶段：反思并回到集体，包括分享与交流，参与者可以以自己的身份回顾、反思活动过程，分享自己的感受与体验，这包括了对主题的反思、对创作的反思、对自己和他人行动的反思。

第四步：结束。戏剧活动开始时，儿童是通过一定的仪式进入戏剧场景中的，结束时一般也会用一定的仪式回到现实，以对虚拟和现实进行区分。有时候，结束仪式能对参与者的心情起到平复的作用。

第三节　特殊儿童戏剧活动设计范例

一、特殊儿童感官知觉戏剧活动设计

（一）戏剧与感官知觉

人类从一出生，就是用感官来认识世界的。从生理层面来说，有足够的感官刺激输入，然后才产生知觉和动作的输出。没有足够的感官刺激输入，还会影响动作、认知的发展，进而难以产生抽象思考。感官刺激也是情感发展的基础。通过抚摸、声音、味道等的刺激，情感得以触发，人们逐渐产生丰富的情感体验。感官知觉戏剧活动是将视觉、听觉、嗅觉、味觉、触觉与一定的情景、情节、角色身份连接起来，利用戏剧的假扮、虚拟的乐趣，使参与者投入其中。由于感官

知觉戏剧活动主要针对单项的感官通道进行感受和表达练习，因此这一类戏剧活动通常以游戏化的形式开展，弱化故事情节，强化媒介对感官的作用。感官知觉的特点有如下几点。

1. 有明确的感官训练任务

每一个感官知觉戏剧游戏都包含着对感知觉的具体要求，是教师为了提高感官敏锐度和锻炼感知觉表达设计的游戏活动。例如，为了提高儿童触觉的敏感度，领导者扮演导盲犬，参与者扮演盲人，用手去触摸周围环境，感受不同物体带来的不同触感。此游戏的重点就是触觉的训练。

2. 有一定的玩法、规则和情境

玩法是游戏的过程描述；规则是游戏中被允许和被禁止的规定；情境是借助戏剧的元素，将某些场景与活动内容结合起来，使角色、情节等为活动目标服务。情境可以提高游戏的趣味性和参与度。例如，"导盲犬带盲人"的游戏，教师或家长扮演导盲犬的角色，孩子扮演盲人的角色。如果能对角色产生一定的认知，孩子就能够比较顺利地接受闭上眼睛的要求。教师或家长会强调导盲犬带主人玩耍的情境，活动过程中也以帮助小主人的线索进行。

3. 游戏以过程为导向，重视过程中的体验和感受

特殊儿童的感知觉戏剧游戏重在过程中的体验，体验的过程就是感官刺激的过程，不宜追求达成一个"成功"的结果。 例如，导盲犬带"盲人"去触碰周围环境，如果"盲人"能通过触碰猜出所触摸的物体是什么，这当然是非常棒的；如果盲人无法说出或表达出触摸了什么，也是很正常的。触摸结束，活动就结束，角色身份就结束。

（二）活动范例：我是你的朋友

设计思路：《我是你的朋友》主要是针对特殊儿童的听觉和触觉锻炼设计的戏剧游戏，鼓励孩子大胆与同伴交流。孩子们在日常生活中有很多接触、了解彼此的机会，借由这个游戏，他们练习大胆对别人说话、交流。对于被蒙上眼睛的孩子来说，等待别人的召唤，聆听别人的声音，是一种不一样的体验。

1. 活动目标

① 能大胆地用触觉、听觉感知周围环境，等待朋友的召唤。

② 能分辨不同的声音特质，并能猜出说话人是谁。

③ 能运用触觉辨认说话人是谁。

2. 适用对象

① 年龄 6~15 岁。

② 有一定语言能力的中轻度智力障碍儿童或自闭症儿童。

③ 适用 10~20 人的小团体活动。

3. 活动准备

① 跟孩子数量一致的眼罩。

② 戏剧活动室：25~30 平方米，室内装饰简单柔和，不宜太有刺激性，内有坐垫等，将场地里的障碍清除。

4. 重点与难点

① 敢于蒙眼并等待。

② 能听出说话者是谁。

5. 活动过程及策略

热身活动

问候歌：你好朋友

早上好！你好！你好！

好好好！你好！你好！

目标：用《问候歌》引出本次活动的主题"朋友"，活动筋骨，引导大家主动找朋友握手。

建议：问候歌曲是孩子熟悉的，较为常用的戏剧活动开场形式。此开场形式正好契合本次戏剧游戏的主题。

发展活动

① 所有参与者蒙上眼睛围成一个圆圈坐下来，老师指定一个人做朋友，被指定的人就可以摘下眼罩。

② 活动开始，大家离开凳子，慢慢去找朋友，彼此之间互相问对方："你是我的朋友吗？"戴着眼罩的人就告诉对方"我们继续找"，无眼罩的同学就帮对方把眼罩取下来。直到全部同学摘下眼罩。

③ 第二轮游戏增加难度。戴眼罩的同学问到无眼罩的同学时，戴眼罩的同学问："你是我的朋友吗？"无眼罩的同学必须耳语一句"猜猜我是谁"，猜对了就可以帮对方取下眼罩。猜测的方式是听声音辨识。

④ 第三轮游戏变化猜测方式，随机分成两人一组（或者在刚才游戏之后重新分组），两人握着彼此的手，熟悉彼此手的特点，触摸彼此的手，用自己的手去

感觉对方，触摸出对方手的特点（也可以摸头发或衣服）。接着蒙上眼罩，大家离开凳子，在音乐声中随便走动。音乐一停，就开始寻找自己的好朋友。不能出声，彼此之间只能通过握手（摸头发或衣服）找出自己的好朋友。

条件：每人一个眼罩蒙住眼睛，慢慢行走。
目标：能用手探索周围，能保护自己并大胆触碰别人。能从对方的声音特征知道对方是谁。能从对方的手部特征、头发、衣服特征知道对方是谁。
建议：提醒同学行动慢一点，说话要轻声。
　　如果猜多次仍猜不到，朋友可以主动帮忙摘下眼罩，让游戏继续。
　　本次游戏用三种方式找朋友，难度逐渐增加，锻炼的感官不相同，可分多次完成。

结束活动

①教师总结：怎样才能又快又准地猜出对方。如多问一两个问题，听对方的声音，摸摸对方的头发或衣服。可围坐成圆形，为下一次活动总结经验。

②唱再见歌，互相挥手再见离开戏剧教室。

延展活动

猜出对方有一定难度，可以多次开展，鼓励儿童注意同伴的声音，关注同伴的手、穿着、头发等特点，通过倾听和触碰认出对方。

6. 活动效果评量

姓名：　　　　　　　　　　　　出生年月：

实施时间：　　　　　　　　　　负责老师：

阶段	活动	目标	形成性评量					评量方式	评量结果	通过与否	教学决定	备注
			1	2	3	4	5					
问候与热身	问候歌	吸引儿童兴趣										
		按儿歌指令反应										
		与同伴握握手										
发展	你是我的朋友吗？	敢蒙住眼睛行走										
		主动探索和触摸，寻找同伴										
		能问出："你是我的朋友吗？"										
		能回答："我们继续找。"										

续表

阶段	活动	目标	形成性评量					评量方式	评量结果	通过与否	教学决定	备注
			1	2	3	4	5					
发展	猜猜我是谁	能说出："猜猜我是谁？"										
		能听出同伴的声音										
		能用手触摸对方										
		能猜出对方是谁										
结束	结束阶段	跟随老师演唱再见歌，情绪稳定										

评量方式：a 操作，b 纸笔，c 问答，d 观察，e 指认，f 其他
评量标准：1 完全未达到，2 少部分达到 25%，3 部分达到 50%，4 大部分达到 75%，5 完全达到
教学使用：P1 大量协助，P2 少量协助，M 示范提示，V 口头提示，G 手势提示
教学决定：C 继续，S 简化，P 扩充
通过与否：√通过，× 不通过

二、特殊儿童粗大动作戏剧活动范例设计

（一）戏剧与粗大动作

身体机能的发展包括大小肌肉的控制、手眼的协调、保持身体稳定的能力。儿童身体的发展通常先出现整体性的大肌肉运动，然后才是小肌肉运动的逐渐发展。粗大动作包括头、颈、肩、四肢、躯干各部分的关节运动，就具体动作来说包括走、跑、跳、爬、平衡、投掷、抛接球、踢球等动作。特殊儿童的粗大动作戏剧游戏包括身体控制、空间觉察以及身体表达三个方面，如在要求下做出快、慢、停等动作，用身体动作探索空间等。特殊儿童的粗大动作戏剧教育活动从基本的力量练习、身体控制开始，逐渐发展到用身体作为创造的道具，发展出具有想象力的造型和情境。在运用粗大动作的活动中儿童得以通过他人疏通身体的能量，靠着与人的互动、不同的身体经验，间接地接收到自我的意象；在粗大动作戏剧教育活动中，孩子发展适当的动作经验，促进孩子身体发展的潜能。其中，轻度智力障碍儿童较为常用的是假装、扮演特征明显的身体造型，中重度智力障碍儿童常借助身体互动的力量关系感受对自我身体的控制和力量的发展。同时，身体互动能更好地帮助教师与儿童建立关系，彼此接纳、认同。

粗大动作戏剧教育活动的特点如下所述：

1. 有明确的动作训练任务

粗大动作的练习目标包含身体控制、空间觉察、身体表达，在每一次戏剧活动中，无论是游戏还是主题系列，都有这三个方面的训练任务。任务目标可以单一，也可以组合。

2. 体现动作发展进阶

人的动作发展是按照一定规律渐进而行的。婴儿通常是"三翻、六坐、八爬"，即一般情况下三个月的婴儿开始学会翻身，六个月的婴儿可以逐渐坐稳，八个月的婴儿开始爬行等。粗大动作的发展是"先躯干、后四肢"。因此在设计粗大动作戏剧活动时，充分考虑儿童动作发展规律，从简单动作到复杂动作，掌握走、跑、跳、钻、爬、投等基本动作。

3. 从独自开展到合作的逐渐深入

在设计粗大动作的具体内容时，设计者通常需要考虑从参与者自身身体和与自我有关的空间开始探索和练习，逐渐过渡到自我与他人的身体关系、自我与他人的空间关系等。

例如，戏剧游戏《水果变变变》中，第一阶段可以让孩子用自己的身体创造性地表现各种水果造型，第二阶段就可以鼓励孩子两人或者多人一组，共同创造水果造型。

（二）戏剧游戏范例：磁铁人（活动设计：陈洁莹）

设计思路：在日常生活中，我们经常会用到身体的各个部位来进行日常活动，但是身体各个部位的感觉对于特殊孩子来说或许是不明确的，我们希望通过这个戏剧游戏来让学生对自己的肢体活动能有更多的感觉，从而让学生在生活中能更好地控制自己的肢体动作，提高自己的生活质量。

1. 活动目标

① 能用身体不同部位来进行活动，以动态活动来学习控制身体。

② 学习用自己的肢体与对方的肢体进行联结。

③ 感受身体创作与表达的快乐。

2. 适用对象

① 年龄：6~10 岁。

② 对身体有一定控制能力的中轻度智力障碍儿童。

③ 适用于 10 人以内班级的团体活动。

3. 活动准备

① 戏剧活动室：25~30 平方米，室内装饰简单柔和，不宜太有刺激性，内有坐垫等。

② 磁铁、磁铁贴纸。

4. 重点与难点

重点：能运用身体的不同部位进行活动。

难点：能找到对方与自己相吸的部位。

5. 活动过程及策略

热身活动

围成圆圈坐在垫子上，师生相互问好、教师点名。

条件：学生有一定听指令的能力。
目标：形成戏剧活动的仪式。
建议：在一段时间内固定一种形式。

① 教师引导学生站起来手拉手站成一个圆圈。

② 播放身体音阶歌。教师一边唱一边引导学生跟随歌词进行律动，如，听到"摸摸你的小脚 do、do、do"时就蹲下摸自己的脚，听到"摸摸你的膝盖 re、re、re"的时候就摸着自己的膝盖，以此类推。

③ 当歌曲放完后教师给指令，摸摸头、摸摸脚、摸摸身体等，让学生做相应的动作。

条件：知道自己身体部位的位置，能跟随节奏律动（音乐《身体音阶歌》）。
目标：用音乐激发学生的学习兴趣，让学生能积极地融入教学活动中。
建议：教师要判断学生对自己身体部位的位置是否熟悉，如果熟悉可以直接播音乐律动，如不熟悉则需要教师自己放慢速度唱出来，让学生能慢慢接收。

发展活动

① 引入：老师拿出磁铁，介绍这是磁铁，当两个磁铁位置放对时就会吸在一起，然后，请同学出来试一下玩磁铁。

② 进入主题：今天我们的身体会变成一块磁铁，当我们变成磁铁以后就会粘在一起了！现在请同学们先分成两组，一组是用头做磁铁，一组是用手做磁铁，想一下你们怎样才能粘在一起呢？音乐开始我们就可以相互吸引了。

③ 主题发展：两组转换身体部位，继续游戏，如，手吸背，头吸肩膀等。

条件：了解磁铁会相吸，能尝试用身体不同部位去做动作。

目标：介绍物理知识磁铁正负极是会相吸的。学生能尝试运用身体的不同部位进行活动，并且可以与同伴建立游戏关系。激发学生更多的语言发展。学生能在身体的活动中得到快乐。

建议：教师带上磁铁贴纸，贴纸在身体哪里，哪里就是磁铁。学生根据教师的要求分成两组，并按照教师的要求一组在头部贴上磁铁贴纸，一组在手上贴上磁铁贴纸。开始第二轮游戏前学生要按照教师的要求把磁铁贴纸转换位置。

结束活动

教师：今天我们变成了磁铁，玩得真开心啊，下次有机会再玩喔！现在我们一起来唱再见歌。

条件：围成一圈一起唱再见歌。

目标：通过结束仪式，学生和教师回到自己的身份，放松身体。

建议：教师和学生一起取下磁铁贴纸，教师、学生出戏。

延展活动

本次活动以身体不同部位进行互动，除了相互吸起来外，我们还可以玩身体相互排斥的游戏。

6. 活动效果评量

姓名：　　　　　　　　　　　　　出生年月：

实施时间：　　　　　　　　　　　负责老师：

阶段	活动	目标	形成性评量					评量方式	评量结果	通过与否	教学决定	备注
			1	2	3	4	5					
热身	身体音阶歌	吸引学生兴趣										
		按儿歌指令反应										
		完成律动的动作										
发展	磁铁人	能知道身体哪个部分变成磁铁										
		能用指定身体部位与对方身体部位进行相吸										
		能与人互动										
结束	结束阶段	学生能够安静并放松，结束课程										

评量方式：a 操作，b 纸笔，c 问答，d 观察，e 指认，f 其他

评量标准：1 完全未达到，2 少部分达到 25%，3 部分达到 50%，4 大部分达到 75%，5 完全达到

教学使用：P1 大量协助，P2 少量协助，M 示范提示，V 口头提示，G 手势提示

教学决定：C 继续，S 简化，P 扩充

通过与否：√ 通过，× 不通过

三、特殊儿童精细动作戏剧活动设计范例

（一）戏剧与精细动作

精细动作是指个体主要凭借手及手指等部位的小肌肉或小肌肉群完成的运动。主要反映了在感知觉、注意等多方面心理活动的配合下完成特定任务的能力。一个精细动作的执行，需要大脑计划、意识参与，依靠肌肉的协调以及力量的控制，同时加上感知觉的参与协调完成。

儿童的精细动作发展开始于先天性条件反射，如抓握反应，然后经过逐渐发展，进行更精确的手指操作（如撕纸、捡豆子）、工具操作（如使用剪刀等）以及握笔书写。儿童在 3~6 岁，出现操作技能飞速发展，手的灵活性、准确性、控制力以及手眼协调力、物品操作能力得到充分发展。

研究者发现，精细动作与认知发展、生活适应以及社会情绪的发展均紧密相关，双方相互影响。精细动作的获得是其他高级认知活动的前提，足够的动作经验积累，形成了高级的认知活动。同时精细动作的发展与认知的发展相互作用可以改善注意力和提高大脑的执行功能。

很多特殊儿童粗大动作能力与普通儿童动作发展接近，但是精细动作有明显的区别。这是由于特殊儿童在神经系统发育、肌张力、手眼协调能力以及本体感和注意力等方面存在落后的情况。

精细动作戏剧教育活动的特点如下所述。

1. 以手部的操作动作为主

尽管脚趾、唇部动作也会被视为小肌肉群动作，但精细动作的主要训练目的是锻炼手部的操作与掌握能力。每一次精细动作的戏剧教育活动都会将捏、握、转、托、扭、拧、撕、抓、刮、拨、压、挖、弹、夹、穿、抹、拍、摇等内容综合放进制作、操控等具体活动中。

2. 手部操作动作的情景化

精细动作的训练内容是全面多样的，比如在手工制作中，孩子学习剪、贴、折、撕；书写中的涂色、描红、仿画；生活中的扣纽扣、系鞋带、包饺子、拧麻花等。这些具体内容在戏剧教育活动中常常与角色、对话、情节、情境相结合，使学生在进行精细动作练习时有代入感和游戏感。例如，制作玩偶、操作玩偶就是把手工与戏剧结合起来。操作玩偶进行一定情境的创造，创造的情节根据儿童的能力

差异，分为片段和整体。生活活动的精细动作除了直接的能力训练之外，利用娃娃家、小餐厅等角色活动，也能达到精细动作练习的目的。

（二）戏剧游戏范例：手指谣

设计思路：手指谣是根据生动活泼的儿歌或童谣，设计相应的手指动作，用手指动作展现其内容、表现其节奏、塑造其角色，从而理解和感受儿歌、童谣的趣味性、节奏感和游戏性，达到形式与内容的协调、手眼动作的协调、手指肌肉的训练等多重目标。

手指谣既适合集体教学，也适合在日常生活中家长与儿童互动，在手指谣的念白和玩耍中，增进亲子之间的关系，促进儿童精细动作的发展。手指谣活动在内容选择上既要轻快活泼、节奏感强，也需要对内容进行手指动作的编排。手指谣既可以独立进行，也可以互动。

1. 活动目标

① 能独立念白儿歌、童谣或者在家长念白中用手指动作表现儿歌、童谣内容。

② 能与家长进行手指互动游戏。

③ 感受手指谣的节奏美和游戏性。

2. 适用对象

① 年龄：4~15 岁。

② 对精细动作有一定基础的中轻度智力障碍儿童。

③ 适用于两人互动。

3. 手指谣内容

两只小鸟

两只小鸟站在大树上，（伸直左手食指和小指，其余指头握拳）

它叫丁丁，它叫冬冬。（念到丁丁，食指摇动。念到冬冬，小指摇动）

丁丁不见了，（食指弯曲握拳）

冬冬不见了。（小指弯曲握拳）

丁丁冬冬它们哪去了？（双手握拳，轻轻相互敲击）

丁丁回来吧，（伸出左手食指）

冬冬回来吧，（伸出左手小指）

丁丁冬冬一起回来吧。（食指和小指一起摇动）

游戏建议：此手指谣重点是练习两个指头，因此每一个手指都可以逐次练习到。无名指和小指的屈伸练习最难。左右手均可以练习到。

我的一家人

大拇指是爸爸，（竖起双手大拇指，其余指头握拳）

爸爸开车滴滴滴。（双手大拇指左右摇晃）

食指食指是妈妈，（竖起双手食指）

妈妈切菜嚓嚓嚓。（双手食指做切菜动作）

个子最高是哥哥，（双手五指伸出，同时中指前后摇动）

哥哥打球嘭嘭嘭。（双手做拍球动作）

无名指是姐姐，（双手五指伸出，同时无名指前后摇动）

姐姐跳舞啦啦啦。（双手绕腕，做舞蹈动作）

个子最小就是我，（竖起双手小指，其余指头握拳）

我们一家真快乐。（双手拍掌三次）

游戏建议：适合家人与孩子互动。在与家长互动时，家长与孩子做相同的动作，手指摇动时可以练习与家长手指点触。

开门

（念儿歌前，双手交叉，十指弯曲）

大门开开进不来，（双手拇指竖起，互碰，其余指头交叉弯曲）

二门开开进不来，（食指竖起，互碰，剩余三指指头交叉弯曲）

中门开开进不来，（中指竖起，互碰，剩余两指指头交叉弯曲）

小门开开进不来，（小指竖起，互碰，剩余的无名指交叉弯曲）

四门开开全进来。（竖起无名指，互碰，这时所有指头都已经竖起）

（儿歌结束时双手分开）

游戏建议：手指顺序可以从前往后，也可以从后往前。比较困难的是无名指和小指的顺序，可以根据学生的手指特点进行调整。

附：偶的介绍

一、偶的分类

偶按功能可分为以下几类。

演戏偶：用以创作戏剧情节、表达创作人意图、传递人生信念。

玩偶：用来与人作伴。

创作偶：用来美工创作。

装饰偶：用来做艺术装饰。

偶按制作材料可分为以下几类：

1. 填充偶：柔软、毛绒、温暖、饱满，是孩子喜欢的好伙伴。

2. 布袋偶：身体像袋子，可以将手伸进布袋内，操纵头部运动。

3. 悬丝偶：用丝线连接偶的头部和四肢，通过提线来操作偶的运动。

4. 支撑偶：用棒支撑或提拉偶的身体。

5. 手指偶：能将偶套进手指，或者在手指上画出各种形象。

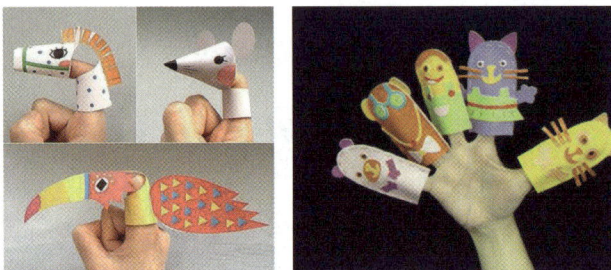

6. 大人偶：将自己用偶的服饰包裹起来，以偶的身份进行扮演。

7. 肢体偶：将脚、手臂等装扮成偶。

8. 平面偶：将各种形象从废旧图画书、杂志上剪下来，在平面背景的状态下进行活动。

9.影偶：利用光影投出的效果做成的偶。

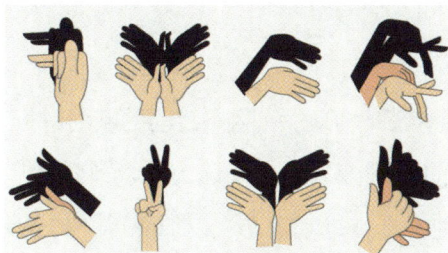

10.执头偶：半人高偶身，偶的头部有木棍，由人操作。有的执头偶的脚可以穿在人的脚上。

11.实物偶：将日常生活中的常用物品，如瓜果蔬菜、锅碗勺盆等，粘贴上人的五官，构成人物形象。

二、偶的制作

用于戏剧教育活动的偶并不从外表的精美、制作的工艺等角度去考量，而是秉承"选材来源便捷，多种材料利用，制作体验过程，操作简单易行"的原则，多利用生活的废旧物品进行有创意的制作。特殊儿童的制作过程，还需要结合儿童实际能力和水平，与成人合作完成偶的制作。

四、特殊儿童沟通能力戏剧活动设计范例

（一）戏剧与沟通能力

沟通是人与人之间实现信息、思想与情感的传递与反馈，实现人类社会交往的重要手段。沟通能力可以反映个体智力发展水平和人际交往能力水平，包括语言沟通和非语言沟通。语言沟通包括口头语言、书面语言、图片、图形、符号等；非语言沟通包含动作、表情、眼神甚至声音的形式等。只有两种沟通方式在人际活动中共同起作用，沟通的双方（或多方）才能实现信息、思想、情感的连接，从而达到相互之间的配合、理解和协调。

对于特殊儿童来说，沟通让他们在生活、游戏、学习中能主动与人交流、协商、表达，实现信息、思想、情感的互动，能确保活动的顺利进行。这里面所运用到的沟通能力有内在语言、听的能力、说的能力、读的能力、写的能力以及非语言沟通。

沟通能力戏剧活动的特点是戏剧游戏以训练单一沟通方式为主，沟通戏剧游戏是以肢体、动作、眼神、表情、声音和语言为训练目标的，每一次戏剧游戏都将一到两种沟通方式作为主要训练目标。如专门的声音大小控制游戏（声音炮弹），专门的眼神专注跟随游戏（照镜子），专门的发音、词汇、句子游戏等。

（二）活动范例：声音游戏（活动提供：苏庆元）

1. 声音炮弹

游戏目标：能用大、中、小三种不同的音量发出"呜——"的声音，学习用音量大小配合教师身体动作的速度和力度。

游戏玩法：

①学生分成三组，分别代表大炮弹、中炮弹和小炮弹。

②分别练习大炮弹、中炮弹和小炮弹发出声音的大小、速度和力度。

③教师扮演炮弹，用身体的力度、速度来指挥学生发出相应的炮弹声音。

④三种炮弹互换，也可让学生扮演炮弹。

2. 指挥家

游戏目标：能根据教师手势发出不同长短和大小的声音"啊"（可以根据需要改成其他发音，如哦、咦、呃等）。

游戏玩法：

①集中所有同学，大家一起发出"啊"的长音。

②教师作为指挥，用手势提示学生发出"啊"的声音。手向上举起就表示要

发出高音"啊"，手降下就表示要发出低音"啊"；短促的手势表示要发出短音，悠长的手势表示要发出长音等。

3. 声音音乐会

游戏目标：知道某一特定场景的多种声音，并能用多种声音配合表现这一场景。感受使用声音制造声效的乐趣。

游戏玩法：

① 请所有学生安静，聆听周围环境中的声音，大家讨论周围某一特定场景中有哪些声音出现。如"森林的早晨"会听到风吹树叶的声音、流水的声音、鸟叫声。

② 讨论后按照声音分组，如风声一组、鸟叫声一组、流水声一组，每一组不超过 5 人。

③ 教师带领，引导学生表演声音，大家闭上眼睛，开始举行声音音乐会。教师用语言提示：我们听到了风吹的声音，我们听到了鸟叫的声音等。

④ 睁开眼睛，大家一起回想是否真的进入了森林的早晨。

建议：

此活动适宜在集体活动中开展，具有丰富声效的场景适合作为这一类游戏题材，如乡下的夜晚、动物园、我们的学校等。鼓励学生尽可能用自己的声音模仿声效，不使用道具制造声效。

4. 外星人

游戏目标：

① 用元音"a"来表达多种情绪，如喜悦、愤怒、难过等。

② 能根据情绪创造台词。

游戏玩法：

① 教师说一个外星人的故事，这个外星人只会发出"啊"的声音，请一位学生扮演外星人，根据教师讲述的外星人故事判断外星人的情绪，发出"啊"声，表达这样的情绪。

② 请其他学生帮助外星人翻译，听听看外星人所发出的"啊"是什么意思。

③ 教师变换外星人故事的情节，请学生根据故事情节改变后外星人的情绪发出"啊"的声音。

建议：此活动重点在于用单音节的声音表达各种情绪，除了 a 之外，还可以发出 o、i 等多种声音。

5. 唱给你听

游戏目标：体验多种情绪表达，感受情绪表达的乐趣。

游戏玩法：

① 用情绪脸谱引出学生对情绪的识别。

② 学生分组，每一组选择一首歌曲，用某一种情绪演唱和表达出来。

6. 声音隧道

游戏目标：

① 知道某一特定场景的多种声音，并能用多种声音配合表现，感受使用声音制造声效的乐趣。

② 能从声音效果中判断具体的发生场景。

③ 学习互相讨论，逐步完善场景内声音的效果。

游戏玩法：

① 活动学生分为两组，一组扮演声音制造者，另一组是声音的体验者和猜测者。

② 声音体验者在教室外等候，声音制造者在教室里讨论要用声音扮演哪一个场景，讨论在这一个场景中应该有什么声音，然后请学生搭好声音隧道，老师一边走一边确定每一位学生如何发声，发出什么声音。

③ 声音隧道准备好了之后，外面的学生蒙眼走进教室，在声音隧道中慢慢行走两次。

④ 全体成员坐下，取下眼罩，大家开始讨论刚才听到了什么声音，有没有特别的声音，这些声音都可以在这个场景听到，你觉得这是一个什么样的场景呢?

建议：本游戏并不是以猜出场景为结果，而是不断讨论，希望学生能仔细思考，可以怎样做才能使这个场景表现得更清楚。所以穿越隧道的过程可以在充分讨论后再进行一到两次，使声音表达更加逼真。该游戏适宜在群体中进行，可以提供海边、森林、菜市场、学校等多种场景。

7. 点唱机

游戏目标：每人发出不同的声音，能将这些声音组合，感受声音的长短节奏或者产生某种场景的特殊声音效果。

游戏玩法：4人坐成一排，后面的指挥者(教师)以轻拍头部(或肩部)为信号，拍到谁，谁就发出声音。每个人发出的声音可是各种音色、各种长短的。教师拍头部或肩膀时，可以按照一定节奏。本游戏还可以将学生分成几组，每一组统一发出一种声音，如"嘭""啪""噼里啪啦""叮叮咚咚"等。教师做指挥者，点到哪一组，哪一组就发出声音。准备一些主题内容，如"动物园"，学生发出动物的叫声；"过春节"，学生发出敲锣、打鼓、放鞭炮的声音；"厨房交响曲"，学生模拟洗菜、切菜、炒菜的声音等。

8. 今天天气真好

游戏目标：

① 能从语气语调中猜出说话人的情绪。

② 能根据说话人的动作、表情推测说话人的心理活动。

游戏玩法：

① 每人讲一次"今天天气真好"，要用某种情绪表达，如高兴、伤心、难过、愤怒、害怕等。

② 每人假想自己是某一个角色，如老虎、狮子、大象、兔子、狐狸、猴子等，有一定场景，一边做动作一边带着某种情绪说"今天天气真好"，其他同学想想这是谁，他是什么情绪，猜猜他可能想干什么。

9. 配音师

游戏目标：

① 能用声音为图画中的情景配音。

② 感受多种声音配合产生的音效效果，能用自己的声音表现不同场景和物体发出的声音。

游戏玩法：

① 教师给学生讲述一个绘本故事，同时引导学生注意观察画面，问学生画面里的情景，应该会有什么声音。比如郊外、乡下、建筑工地、游乐场等，可能会出现鸟叫、流水、风声、机器声、人们的欢笑声、吆喝声等。

② 教师完整讲述完绘本故事后，可以再让孩子为其中一些画面配音，也可以每读一页就停下来给画面配音。起初孩子可能会自己想到什么就发出什么声音，比较嘈杂，后面需要孩子讨论配合为画面配音。

建议：绘本故事因为画面的丰富和场景的多样，成为孩子玩这类游戏的最佳参考物，如绘本《小房子》，整个故事展现了小房子周围环境的变迁，从郊外的宁静到都市的喧闹，学生们可以用声音表现多个场景，并感受环境变迁中小房子的心情变化。

10. 我来调音量

游戏目标：

① 学习声音由小到大或由大到小的控制。

② 体验集体控制声音大小的乐趣。

游戏玩法：

① 孩子排成横排。

② 老师对第一个学生说一句话，如我爱你，我喜欢你，我想你，我请小兔来我家做客，今天妈妈送我上学，等等。同时要求声音越来越小（或相反），就像在调节录音机声音的大小一样。

建议：本游戏是学习听别人声音，并有意控制自己声音的大小。游戏时为了增加趣味和降低难度，可以设计"调音旋钮"，如前一个孩子用一般音量说出一句话，教师在第二个孩子面前出示调音旋钮，第二个孩子根据教师的调音使自己的声音变大或变小。

五、特殊儿童认知发展戏剧活动设计范例

（一）戏剧与认知

认知能力是指人脑加工、储存和提取信息的能力，即人们对事物的构成、性能、与他物的关系、发展的动力、发展方向以及基本规律的把握能力。它是人们成功地完成活动最重要的心理条件。知觉、记忆、注意、思维和想象的能力都被认为是认知能力。可以说认知是一个综合、全面、复杂的心理过程，其发展与人的认识过程密切相关，是人的认识过程的产物。心理学家指出，儿童智力的发展是在各种各样的活动中显露出来的。从最初的感知觉的发展，到身体能力的发展、言语能力的发展，进展到逻辑、想象等思维能力的发展，认知水平都在逐步提高。

戏剧教育的综合性特点符合认知能力综合、复杂的特点。可以说戏剧教育活动中所开展的角色扮演、戏剧故事、情境创设、情况分析、问题解决等都涉及对认知能力的促进和提升。

认知发展戏剧教育活动的特点如下所述。

1. 以综合性戏剧活动为主

认知能力在基本的戏剧游戏、戏剧故事、戏剧主题中都具有重要作用。戏剧

活动本身具有综合性特点，所以设计认知发展的戏剧活动时，我们多采用身体造型想象、声音创造想象、假扮投射想象以及角色扮演和情节创设等方式。戏剧以模拟人生的方式，引导儿童在戏剧情境中去获得新知、开动脑筋、解决问题，从而获得认知的进步和发展。

2. 娱乐性与认知性相结合

提到孩子的认知，人们往往会关注孩子学到了什么、懂得了什么、获得了什么，即关注学习的结果。而对结果的关注往往造成学习过程的枯燥和乏味。戏剧教育活动恰恰是关注过程的，以有趣、生动、活泼的过程，帮助儿童克服困难、获得新知、赢得挑战的成就感和满足感。娱乐性既体现在戏剧情节的新颖、奇特、出乎意料上，也体现在戏剧玩耍中有趣的道具、丰富的场景上。戏剧的自主创意、想象发挥等都能给儿童带来充满趣味的体验。娱乐性活动不仅能使儿童玩得投入，而且更能激发儿童认知探索的需求。

（二）活动范例：加油，短颈鹿！（活动设计：陈洁莹）

设计思路：《加油，短颈鹿！》是一个故事，这个活动是从故事里延伸出来的，希望学生探索到积极的工作态度和生存态度。在现实生活中可能会遇到很多困难，我们不可以决定环境，但是我们可以决定我们的心态，用一个什么样的心态去面对这些困难。我们希望通过这个教学戏剧活动的学习让学生学会用积极的态度去面对困难。这对于特殊学生来说是尤其重要的。

1. 活动目标

① 引导学生思考对生命和工作应有的态度（正面的、不怕困难的、坚持不懈的）。

② 尝试探索生命的意义。

2. 适用对象

① 年龄：13~15 岁。

② 对身体有一定控制能力的中轻度智力障碍儿童。

③ 将要参加工作的学生。

④ 适用于 10 人以内班级的团体形式。

3. 活动准备

戏剧活动室：25~30 平方米，室内装饰简单柔和，不宜有刺激性，内有坐垫等。

4.重点与难点

① 在工作或生活中遇到困难时应用一种坚持、努力的态度去面对。

② 探索特殊人士对生存应有的态度。

5.活动过程及策略

热身活动

① 放音乐，教师带领，模仿各种动物的活动方式。

② 教师跳一跳之后，再指定学员用一种动物的方式跳舞，然后大家一起做。

③ 音乐停，结束暖身。

条件：能模仿教师做动作，能跟随音乐律动，准备《森林狂想曲》。
目标：用音乐激发学生的学习兴趣，让学生能积极地融入教学活动中。
建议：老师可以先从简单的动物动作开始，然后逐渐做较难的需要用更多肢体动作的活动。

发展活动

① 引入：动物们都住在哪里呢？对了，会住在草原和森林里面，今天老师就带你们走进肯尼亚的大草原看一只短颈鹿。

② 教师说故事，描述小可的生活和性格：小可是一只长颈鹿，本来应该是长颈的，但是它天生脖子就比别的长颈鹿的脖子要短很多！尽管如此，它还是拥有乐观、勤奋、善良的性格。

③ 巡回演出：

分成三组（可以是家人组、朋友组、学校组），每组选出一位不同背景的主人，并且讨论他们对小可有哪些看法。老师入戏扮演小可，去每一组并与那一组的主人互动，最后总结每组对它的看法。

④ 说故事：除了上面的问题外，小可面临的最大问题是天生脖子短，所以没办法自己摘树叶吃，每天都只能靠妈妈喂。小可不想再让妈妈那么辛苦了，它想靠自己的能力生活下去。小可想起爷爷以前跟它说过有一个叫矮树林的地方，那里住着很多短颈鹿，那里的树都非常矮，它们在那里可以自力更生。但是这里有爱它的妈妈，妈妈不愿意小可自己去冒险，小可很困惑，它应该去吗？

⑤ 心里的秘密：

• 请学生想一想小可在这里因为天生短脖子常常被人笑话，它会有什么想法？

• 请学生想一想小可一直要依靠妈妈来生存，小可会有什么想法？

学生轮流替小可说出它的想法。

⑥ 集体绘画：全组学生集体创作一幅图画，是关于矮树林这个地方的，老师给出矮树林的一些特征，如，有许多矮矮的树木，让学生对矮树林这个地方有一个较为具象的认识。

⑦ 说故事：最后小可还是决定要去矮树林，妈妈也尊重小可的决定，妈妈告诉小可可以去问斑马先生怎么去矮树林，小可找到了斑马先生（另一位助教扮演），斑马先生告诉小可，要去矮树林要经过三个地方：首先要经过狼山，狼山上面有许多狼很危险；然后还要经过河马河，河里面住着凶猛的鳄鱼，但是你可以找河马姐姐帮忙；最后还要经过一个看不见方向的山洞。

⑧ 观点与角度：

• 去矮树林的路途那么危险，我们要去吗？请学生做选择，去的站一边，不去的站另一边，不知道怎么办的可以站中间。

• 教师分别访问三方同学的观点。

• 听完三方意见后，教师说出小可最后还是决定一定要去矮树林。

⑨ 建构空间：

• 让学生根据提示搭建到矮树林的路，一共要经过三个地方，把学生分成三组，一组搭建狼山，一组搭建河马河，一组搭建山洞。

• 搭建好以后，让三组学生分别入戏，扮演狼、河马和鳄鱼。

• 教师做巡回演出，经过这些搭建的地点并且与这些人物发生一些对话。

⑩ 美好的结局：

教师说故事：最后小可终于来到了矮树林（把刚刚画好的矮树林贴到黑板上）。在矮树林里小可看到许多跟它一样的短颈鹿，它们都很欢迎小可来到这里，小可在这里认识了许多好朋友，最重要的是小可在这里可以自己摘树叶吃了，它可以养活自己了。小可和其他短颈鹿都很珍惜这个地方，一起用心地去维护这个地方。

条件：具备一定常识（知道动物是生活在哪里的），能听懂故事，能对生活中不同的角色有一定的认识。

建议：联系实际的引入让学生更容易进入虚拟的情景中。

教师可佩戴某种象征性头套或配饰（如有鹿角的头箍），表示入戏，让学生更好地区分出戏和入戏。

巡回演出前教师脱下头箍出戏，组织学生作巡回演出，当确定学生已经准备好时，教师戴上头箍表示入戏并一起参与活动。

教师说故事时声音和动作要尽量夸张，让学生更好地进入情景，如遇到认知能力

> 较差的学生，教师还可以配合图片讲故事。
>
> 当学生说出想法前，老师可以描绘小可现在的状况，"没有朋友，又不能自己生存，很苦恼"，然后再让学生循着这个方向去想，让学生有更加具体的感受而不是漫无目的地思考。
>
> 教师可以给出矮树林的重要特征后再让学生根据这些特征进行创作。
>
> 尽量询问更多学生的观点并尊重每个观点。
>
> 建构空间时尽量多提供一些道具和材料，如丝巾、窗帘、桌椅、书籍、泡沫垫等。

结束活动

围成一个圈，教师和学生大声说出自己的名字，唱再见歌，帮助儿童出戏。

延展活动

本次活动以一个绘本故事为题材去探索对待生命和工作的态度，从而延伸到日常生活中，我们遇到困难时也要用积极的态度去面对。

6. 活动效果评量

姓名：　　　　　　　　　　　　　　　　出生年月：

实施时间：　　　　　　　　　　　　　　负责老师：

阶段	活动	目标	形成性评量					评量方式	评量结果	通过与否	教学决定	备注
			1	2	3	4	5					
热身	跟随领导者（动物篇）	能模仿做出动物走路的动作										
		能独立做出不同动物的动作										
发展	教育戏剧《加油，短颈鹿！》	能独立思考										
		能与人合作完成任务										
		能表达自己的意见										
		能知道用积极的态度去面对困难										
结束	结束阶段	儿童能够出戏，结束课程										

评量方式：a 操作，b 纸笔，c 问答，d 观察，e 指认，f 其他
评量标准：1 完全未达到，2 少部分达到 25%，3 部分达到 50%，4 大部分达到 75%，5 完全达到
教学使用：P1 大量协助，P2 少量协助，M 示范提示，V 口头提示，G 手势提示
教学决定：C 继续，S 简化，P 扩充
通过与否：√通过，× 不通过

六、特殊儿童社会技能戏剧教育活动设计

（一）戏剧与社会技能

社会技能是指被社会所接受的习得性行为，是个体运用已有知识在一定的社

会情境中有效地与他人交往的技能，也是个人影响他人的一种本领。研究者发现，社会技能是一项综合的能力，其具体因素包含自信，报答与强化，非语言交流技能，语言交流技能，同理心、合作、关心他人。就具体行为表现来说，社会技能包括结交朋友、表达好感、微笑、表现诚实、值得信赖、合理娱乐、对人关心、理解、平等，同时有对负面行为（如发脾气、嫉妒、争强好胜、自私、打岔、逗留过久、过分要求、公开与性相关的行为、秽语污言、怀疑一切人、过分犹豫等）的遏制、修正。

对于特殊儿童来说，社会技能的获得是指在学校、家庭和社区环境共同作用下，获得更多具有针对性的活动机会来帮助他们与人积极交往、合作以及建立关系，掌握日常生活中需要的基本技能的过程。

戏剧教育活动为儿童社会技能的习得提供了行为发生的真实环境，使儿童有机会在戏剧场景中将社会行为、社会技能加以演练，同时在这个戏剧场景中因为角色的互动关系，本身就产生了互相学习社会技能的环境。

社会技能戏剧教育活动的特点如下所述：

第一，在一定的游戏规则和故事情境中帮助学生认识自我与他人的关系。认识自我与他人、理解自我与他人的关系是社会技能的基础。社会技能戏剧教育活动既可以借助最简单的戏剧游戏来认识自己和他人，也可以通过戏剧故事呈现一个较为复杂的人际关系，通过解决问题来学习和巩固社会技能。

第二，分解社会技能的具体技巧，在恰当的戏剧片段中体现轮流、等待、分享、合作、情绪管理等社会技能。社会技能包含非常复杂的与人接触、交流的方法，其中会运用到多种社会交往技巧。特殊儿童因受到某一方面的限制，而需要对单一社会技能进行分项练习才能有所进步。因此在一次戏剧活动中，设计者会考虑重点社会技能的学习，并设计情境反复练习。除了单一技能，我们还借用戏剧来自生活的特点，将学生生活的场景、人际关系、情绪的表达等用主题活动的方式展现出来，在老师的带领下，一步一步地让特殊儿童去理解环境与个体、人与人之间的关系，并学习如何处理生活中的各种情况。

（二）活动范例：外面安全吗？（活动设计：刘友群）

设计思路：《外面安全吗？》可用于缓解孩子的焦虑或害怕情绪。每个孩子在其成长过程中，都会产生焦虑或害怕情绪。亲子分离、陌生环境、突发事件、自然灾害，甚至是孩子的想象都可能让孩子焦虑或害怕。若孩子过度焦虑或害怕，会影响其身心健康、人际互动，产生问题行为等。本活动运用布偶和孩子互动，由父母其中一人扮演一个胆小的角色，另一人带领孩子寻找帮助胆小者的方法。在愉快的亲子互动中，孩子宣泄了自己的负面情绪，也借解决他人的问题解决自己的问题。

1. 活动目标

① 能在活动中宣泄负面情绪。

② 能积极寻找缓解焦虑或害怕情绪的方法。

③ 能在活动中增强亲子感情。

2. 适用对象

① 年龄：3~15 岁。

② 中轻度智力障碍儿童或自闭症儿童。

③ 适用 3~4 人的亲子游戏或者小团体课。

3. 活动准备

① 每人一个布偶。

② 家中可遮挡人的地方，如柜子后面、沙发后面、被子下面等。教室中可以制造能躲藏的空间。

③ 黑色绳子、毛绒老虎、玩具狗等。

4. 重点与难点

① 能在活动中宣泄负面情绪。

② 能积极寻找缓解焦虑或害怕情绪的方法。

5. 活动过程及策略

热身活动

① 每人拿一个布偶。

② 布偶自我介绍。

如扮演胆小者的成人可这样介绍：我是小丁丁，我是一只可爱的猫咪，我最爱吃鱼，喵——。你是谁呀？

③ 布偶之间自由玩：聊天，打闹，追逐。玩时可以趴、爬、滚、跑、跳等，成人尽量引导孩子动起来。

条件：孩子情绪稳定，愿意和成人玩。孩子有过玩布偶、追逐打闹的经验。
目标：自然地开始，孩子会觉得好玩，卸下心理防御。追逐打闹让孩子进入角色，玩得
　　　开心，宣泄负面情绪，为主题活动做好身心准备。
建议：成人可在自然情境中先拿起布偶给孩子说话，引导孩子拿布偶玩。成人的语气语
　　　调随情境变化，如胆小者说话可轻柔犹豫。

发展活动

① 小丁丁在和朋友们追逐打闹时，突然看见了黑色的绳子，大叫："啊，有
蛇！"夸张地躲在柜子后面不敢出来。然后紧张地探出脑袋问："外面安全了吗？"

② 成人可以假装发现小丁丁的胆小，引导孩子想办法，找更多东西吓唬小丁
丁。小丁丁变成一个过度焦虑和害怕的孩子，被吓得四处逃窜和躲藏，胆战心惊
地问："外面安全吗？"最终被吓得躲进被子里不敢出来。

③ 在玩尽兴后，引导孩子想办法安慰小丁丁，让小丁丁确定外面是安全的，
并让小丁丁出来和大家一起玩。如：告诉小丁丁外面是安全的；使它明白我们
知道它的害怕；让它握着我们的手；一起陪伴它；向它描述我们即将要玩的游
戏……

④ 小丁丁出来，向孩子表示感谢。告诉孩子那些话打动了它，让它有勇气面
对自己的焦虑和害怕。

条件：黑色绳子等物品随意放在活动区域。吓人的物品最好提供较软的、不会伤人的。
　　　引导者需注意藏身处是否安全。
目标：和成人的打闹过程增加了孩子的本体感觉，加固了彼此联系，有效缓解了焦虑和
　　　害怕。孩子欺负他人或是帮助他人，均扮演了强者的角色，有利于自信心的获得。
　　　想办法缓解焦虑或害怕，既是既往经验的总结，又是新经验的积累。
建议：胆小者害怕的东西可以是成人自己害怕的东西、角色害怕的东西、无关紧要的东
　　　西，但最初的活动不能是孩子真正害怕的东西。成人全身心地投入，尽量让这个
　　　过程变得好玩。游戏中尽量让孩子做主，不批评孩子，不和孩子发生冲突。活动
　　　中若不小心触发了孩子的负面情绪，引导者要接纳并共情。

结束活动

① 和布偶玩新的游戏。

② 回家的时间到了，布偶要回家，不舍，相互拥抱。

③ 叫布偶的名字，说再见。

目标：加强孩子与成人的联系。让孩子对下一次游戏产生期待。
建议：对每一个布偶说再见，用力拥抱对方。增强情感体验。

延展活动

①后面的游戏，成人可以扮演只怕蝴蝶的英雄、害怕打雷的老虎等，让孩子感知到每个人都有焦虑或害怕的时候。

②在几次游戏后，成人可以引导孩子假装成令孩子害怕的东西去吓唬胆小者，胆小者可以用之前孩子提供的方法应对。

6.成人的反思

①你孩子的兴趣点在哪里？怎样才能激发孩子的玩耍性？要怎样引导才显得自然？

②孩子出现负面情绪，你会怎样去接纳和共情？

③如果孩子玩了一会儿不想玩了，你能接纳吗？

④游戏中，自己产生焦虑或害怕情绪，你要怎么处理？

⑤如果孩子吓人时，真的打疼你了，你会生气吗？会批评孩子吗？

本章参考文献

［1］林玫君.创造性戏剧理论与实务[M].台北：心理出版社，2005.

［2］林玫君.儿童戏剧教育活动指导——肢体与声音口语的创意表现[M].上海：
　　　复旦大学出版社，2016.

［3］张金梅.学前儿童戏剧教育[M].南京：南京师范大学出版社，2015.

［4］张金梅.表达·创作·表演：幼儿园戏剧教育课程.小班[M].南京：南京
　　　师范大学出版社，2014.

［5］张金梅.表达·创作·表演：幼儿园戏剧教育课程.中班[M].南京：南京
　　　师范大学出版社，2014.

［6］张金梅.表达·创作·表演：幼儿园戏剧教育课程.大班[M].南京：南京
　　　师范大学出版社，2014.

［7］黄希庭.心理学导论[M].2版.北京：人民教育出版社，2007.

［8］多洛丝·兰格丽.戏剧疗法[M].游振声，译.重庆：重庆大学出版社，
　　　2016.

［9］Neelands J.透视戏剧——戏剧教学实作指南[M].陈仁富，黄国伦，译.台
　　　北：心理出版社，2010.

［10］耿达，张兴利，施建农.儿童早期精细动作技能与认知发展的关系[J].心
　　　　理科学进展，2015，23（2）：261-267.

［11］秦启文，黄希庭.社会技能构成因素及其意义[J].心理学探新，2001，21
　　　　（1）：54-57.

第五章

特殊儿童游戏活动设计与指导

游戏在人的成长过程中起着重要的作用。席勒说："只有人完全是人的时候，他才游戏；只有当人游戏的时候，他才完全是人。" 毛颖梅说，要求一个孩子在游戏之外的某种基础上进行工作，无异于一个蠢人在春天摇晃苹果树而向往得到几个苹果，他不仅得不到苹果，还会使苹果花纷纷落地，本来可以在秋天得到的果子也就无望了。

同时，游戏对儿童的身心和谐发展也起着重要的作用。儿童的"手"上存有丰富的心智、情感和体验，但并不能用语言来表达。罗恩菲尔德说："若是没有充分游戏的机会，那么就不会有正常与和谐的情感发展。"单纯从游戏的观点来看，预防儿童产生问题的最经济且有效的方法，就是让儿童有更多游戏的机会。

本章将重点探索游戏对特殊儿童教育康复的意义和作用，以及特殊儿童游戏活动设计的目标与方法。

第一节　游戏与特殊儿童概述

游戏是孩子的天性，也是了解儿童的一个重要窗口。认识游戏的本质，了解儿童游戏的发展规律，便于教师和家长明确儿童发展方向，有意识、有目的地陪伴特殊儿童开展游戏活动，促进特殊儿童的发展。

一、游戏概述

（一）游戏的含义

游戏是一种社会文化现象，反映了人的主体精神的活动，它具有丰富、复杂的内涵。不同的人会从不同的角度给游戏下定义，每一种解释和定义都预示着一种角度、一种眼光和一种理解。概括起来，主要有以下三种定义。

1. 游戏是儿童与生俱来的一种倾向

席勒、斯宾塞的"剩余精力说"认为"游戏是由于机体中剩余精力需要发泄而产生的"，"游戏是释放儿童剩余精力的最好表现形式"。拉扎鲁斯、施太恩的"能力练习说"认为，"游戏是先于劳动，先于童年，对未来生活无意识的准备"。霍尔的"复演说"认为，"游戏是个体呈现祖先的动作、习惯和活动，重演从史前人类向现代人进化的各个发展阶段"。弗洛伊德、埃里克森的"补偿与发泄说"认为，"儿童天生的原始冲动和欲望在现实生活中受到道德规范等约束，得不到充分表现，使得儿童内心抑郁。而游戏可以让儿童完全自主地再现自己的经验或精神的创伤，在想象中发泄各种忧郁和烦恼，从而获得快乐"。

游戏本能论既揭示了儿童游戏产生的生物学因素，同时也说明了游戏是儿童天生的本能倾向，任何儿童都有游戏的需要，而且游戏对儿童的心理发展和未来生活具有重要的作用。

2. 游戏是一种主体性行为

二十世纪九十年代后，关于人的主体性及其发展与培养问题的讨论为人们认识游戏的本质，重新审视这种自由自发的活动的价值与意义提供了新的视点与理论背景。主体性是人作为活动主体在对象性活动中与客体相互作用而表现与发展起来的功能特征，包括主动性、独立性和创造性。游戏是儿童主动的活动，是独立的活动（由内部控制），是创造性活动（目的在自身的活动）。把游戏看成儿童的主体性活动，较科学地揭示出了游戏区别于人类其他活动的本质特征。

3. 游戏是一种情境

社会学对儿童游戏的研究、解释，把儿童游戏看成一种社会现象，是人类活动的特殊形式，是对社会现实生活的一种特殊反映。其典型代表是活动教育学派，该理论认为，"游戏是一种社会性活动，是儿童对周围现实的一种表现，是真实之外借助想象，利用象征性材料，再现人与人之间关系的一种活动"。因此，游戏是一种现实情境中借助各种媒介实现的信息交际与操作的过程。

（二）游戏的特性

学者们对游戏的定义虽然不完全一致，但基本都认同游戏具有以下特性。

1. 主动自发

游戏是非强制性的，被迫的就不再是游戏了。儿童之所以游戏，就是出于自发、自愿的需要，因为游戏能给他们带来欢乐，他们在游戏中可以自由选择内容、玩法及同伴等。游戏的目的是主体的内部需要，游戏是由内部动机引起的。

2. 让人情绪愉悦

游戏中儿童可以全身心地投入，身体处于最佳、最自然、最轻松的状态，游戏能给儿童带来快乐。游戏中常常会有许多不确定因素，这种不可预计的偶然性，让儿童体验到了意想不到的乐趣。游戏中儿童没有心理负担，不担心游戏以外的奖惩，不受日常生活的约束，儿童是轻松的、自由的、快乐的。

3. 弹性灵活

游戏的时间、规则、内容都可以随着游戏者的意愿做出适当的调整和改变。儿童能够自由地组织出让人意想不到的游戏，他们改变游戏规则，做出各种有创意的尝试。当儿童不断改变现有的游戏主题，并且将其精细化、多样化时，游戏就在变换着。

4. 虚构性

游戏不是平常的、真实的生活，它走出真实生活而进入一个暂时的、别具一格的活动领域。每个儿童在玩游戏时，都清楚地知道"只是玩玩""是假装的"，游戏只是一种愿望和要求的满足，是一种获得愉快体验的手段。游戏不注重结果，它与物质生活无关，不带功利的性质。儿童在游戏中利用模仿、想象来创造性地整合和表现周围生活，可以不受日常生活的约束。这种虚构的、不真实的情境，赋予游戏一种神秘的色彩，而正是这种神秘而充满幻想的虚构的特性深深地吸引着儿童。

5. 自我控制感

在儿童的游戏世界里，任何现实世界里的东西都可以被想象成自己希望的模样，儿童仿佛成为游戏世界里的主宰者，掌握游戏世界中的各种变化，由着自己内在的意愿，决定游戏的内容与进程。由于儿童在现实生活中无法控制真实世界，在游戏中获得的这种可控感，可以增加儿童接受现实生活挑战的勇气。

（三）游戏的分类

随着儿童年龄的增长，他们使用游戏材料的方式会发生变化，游戏的类型也不同。

1. 根据儿童认知发展阶段划分的游戏

认知发展学派认为游戏不是独立的活动，而是智力活动的一个方面，是个体把信息纳入原有认知模式的方式，是同化超过顺应的活动。该理论是皮亚杰在其认知发展理论基础上提出的。他把游戏放在儿童智力发展的总背景中考查，认为游戏是智力活动的一个方面，是思维活动的一种表现形式，儿童的认知发展阶段决定了他们不同的游戏方式。皮亚杰认为游戏是随认知发展而变化的，他根据儿童认知发展的阶段，把儿童游戏分为感觉运动游戏、象征性游戏和规则游戏三类。

（1）感觉运动游戏

感觉运动游戏，即练习性游戏，是儿童最早出现的一种游戏形式，一般发生于从儿童出生到2岁这一阶段。儿童主要是通过感知和动作来认识环境、与人交往的。他们最初以自己的身体为游戏的中心，逐渐地会摆弄与操作具体物体，并不断反复练习已有动作，从简单的、重复的练习中发现、探索新的动作，从而使自身获得发展，在反复和成功的摆弄和练习中获得愉快的体验。游戏的驱动力就是获得"机能性的快乐"，"动"即快乐。游戏的愉悦来自儿童控制自身和环境的感觉，当这种控制能力被反复证实后，儿童便沉浸于发展着的能力和自信的情感中。

（2）象征性游戏

象征性游戏是2~7岁学前儿童最典型的游戏形式。象征即用具体的事物表现某种特殊意义，游戏中出现了象征物或替代物。儿童把一种东西当作另一种东西来使用，即"以物代物"；把自己假装成另一个人，即"以人代人"，都是在使用象征的表现形式。象征性游戏的主要特征是模仿和想象，角色游戏是其主要的表现形式。幼儿在游戏中以物代物是表征思维出现的标志之一。皮亚杰还认为，象征性游戏并非一种"货真价实"的模仿性行为，儿童并不是在真正打斗，而是好玩地装作在打斗。所以，象征性游戏也称假装游戏。因此，象征性游戏不仅具有认知的意义，而且是儿童情感的投影。通过象征性游戏，儿童可以脱离当前对实物的知觉，以象征物代替实物并学会用语言符号进行思维，从而体现出儿童认知发展的水平。

（3）规则游戏

规则游戏一般是7~11岁的儿童按照一定的规则进行的、带有竞赛性质的游戏，参加游戏的儿童必须在两人以上。它以规则为游戏中心，摆脱了具体情节，用规则来组织游戏。真正的规则游戏，如排球、田径赛等，必须进入小学后才能进行。皮亚杰认为，进行这种类型的游戏可使儿童变得更能适应真实环境，服从真实世界的规则和秩序。因此，它表明儿童达到了能更好地将自己的思维顺应真实世界的阶段。在皮亚杰看来，游戏的规则来自集体对娱乐活动的组织，从而带有一种社会责任感。更重要的是，在有规则的游戏中体现出的社会性行为的规范化反映了儿童参与有规则的或由规则支配的社会关系的能力，同时，也为儿童的积极交往提供了良好的基础。毫无疑问，有规则的游戏对儿童社会性的发展有着极为重要的意义。

2. 根据儿童社会性行为发展划分的游戏

帕顿从儿童社会性行为发展的角度，将游戏划分为下述六种。

（1）偶然的行为（无所事事）

儿童不是在玩，而是注视着身边突然发生的使他/她感兴趣的事情，或摆弄自己的身体，或在椅子上爬上爬下，或是到处乱跑，或是坐在一个地方东张西望。

（2）旁观（游戏的旁观者）

儿童的大部分时间是在看其他儿童玩耍、听他们谈话，或向他们提问题，但并没有表示出要参加游戏。他们只是明确地观察、注视某几个儿童或群体的游戏，对所发生的一切都心中有数。

（3）独自游戏（单独的游戏）

儿童独自一个人玩玩具，所使用的玩具与周围其他儿童的不同。他/她只专注于自己的活动，既不管别人在做什么，也没有做出接近其他儿童的尝试。

（4）平行游戏

儿童仍然是独自在玩，但他/她所玩的玩具同周围儿童所玩的玩具是类似的，他/她在同伴旁边玩，而不是与同伴一起玩。

（5）联合游戏

儿童仍以自己的兴趣为中心，但开始有与其他儿童一起玩的兴趣，同处于一个集体之中开展游戏，时常会发生如借还玩具、短暂交谈的行为，但还没有建立共同目标。儿童个人的兴趣还不属于集体，他们只做自己愿做的事情。

（6）合作游戏

儿童以集体共同目标为中心，在游戏中相互合作并努力达到目的。游戏中有明确的分工、合作及规则意识，有一到两个游戏的领导者。

3. 以利用的替代物分类

艾尔德和彼得逊认为游戏替代物的变化，体现了儿童游戏中的抽象性、概括性的发展，表现为下述几个阶段。

（1）用与实物相似的替代物

婴幼儿往往用与实物相似的替代物进行游戏，因为他们的思维带有直觉行动性，思维的抽象性、概括性很差。他们对实物的知觉比实物所代表的意义在思想上更占优势。所以此时的游戏依赖于与实物在外形、功用上都十分相似的专用替代物，主要是一些特制的玩具，如炊具、餐具、娃娃等。如果给他们与实物相似度低的替代物，他们往往会拒绝。有人观察一组两岁半的孩子，给他们一辆玩具汽车，要求他们当作铲子来使用，结果他们中的许多人仅把汽车放在桌上推来推去。还有一些孩子则干脆拒绝："不，我不能，这是汽车。"

（2）用与实物相似度较低的替代物

幼儿中期（4～5岁）的孩子随着知识经验的丰富、联想能力的提高，逐渐能脱离专用替代物，选择一些脱离了原来实物功用的替代物。此时的孩子思维有明显的具体形象性，虽然不能完全离开实物，但一般来说已能意识到意义已比实物重要。替代物与实物的相似度减少、通用性增大，一物可以多用。如小棒可以分别代替筷子、刀、勺、锅铲、擀面杖、注射器、体温表等。儿童的年龄越大，使用替代物的范围也越大。有人用相同数量的游戏材料让不同年龄组的孩子来用作替代物，结果3～3.5岁组替代了35种物品，3.5～4岁组替代了54种，而4～4.5岁组替代了76种。

（3）不依赖于实物（用语言、动作等）的替代

幼儿后期（6～7岁）的孩子思维逐渐向抽象性、概括性过渡，对事物的关系、意义有了更深的理解，心理活动的随意机能也进一步发展，在游戏中表现出可脱离实物、完全凭借想象以语言或动作来替代物品。如用斟酒的动作和小心翼翼地端杯动作来替代酒，尽管实际上杯中空无一物，甚至根本不需要"杯"；用朝空中抓一把、撒向小锅的动作配以语言"放点盐"来替代"炒菜"中所需要的"盐"；等等。

以上不同角度的游戏类型，为我们观察评估儿童的游戏水平、特点和状态提供了重要的参考。由于特殊儿童的具体情况千差万别，我们掌握的游戏越多就越能满足他们的需求。无论是着眼于特殊儿童的当下生活还是未来发展，我们都应在游戏活动设计时根据儿童的生理、心理等特点，科学地将各种类型的游戏进行有机结合。

二、游戏与特殊儿童

在特殊儿童早期康复训练中，如何激发儿童的动机是有效开展康复训练的主要因素。儿童持续地保持良好的动机才能发挥最大的潜能，从而有效地提升活动和参与能力。脑科学研究指出，儿童游戏的早期经验在决定大脑回路和儿童智力的广度与质量上起重要作用。因此，在教育康复训练中贯穿游戏，使康复活动更有趣，增加儿童训练的兴趣和主动性是当前特殊教育工作者的重要课题。

（一）特殊儿童的游戏特点

在特殊儿童的婴幼儿期及童年期，游戏活动几乎构成了他们生活的全部，儿童在游戏中模仿、学习、感知着外部世界，一步步完成从动作、语言到认知和人际沟通等各种心理过程的发展。研究者发现，不同类型的特殊儿童的游戏特点不一样。

智力障碍儿童的重复性游戏行为较普通儿童多；智力障碍儿童比普通儿童具有较多的非游戏行为或单独游戏行为，联合游戏或合作游戏行为的比例较少；智力障碍儿童在家中出现的主导游戏的装扮成分比在学校多；智力障碍儿童在游戏中的语言表达受教师引发、游戏环境的影响较大。自闭症儿童会长时间地进行单一玩具、单一玩法的游戏，在游戏中满足自我刺激的需要；自闭症儿童较少进行象征性游戏或假装游戏；自闭症儿童缺少自发性模仿游戏。听力障碍儿童的象征性游戏与健听儿童存在差异；听力障碍儿童的语言发展与游戏之间存在相关性；有次生残疾的听力障碍儿童（通常他们同时具有认知和神经方面的问题）的象征性游戏与只有听力损失的儿童存在显著差异。视力障碍儿童在玩具使用的数量和方式、游戏行为的多样性等方面较为单一。

综合分析以上研究结果可知，特殊儿童的游戏发展水平较低、游戏活动类型单一，依靠儿童自身的自发性游戏很难达到正常儿童的游戏发展水平和身心和谐发展的目标。因此，特殊教育教师和家长需要根据特殊儿童现有的活动能力水平，有意识地设计适合特殊儿童的需求和发展的游戏活动，以促进他们更好地康复与发展。

（二）游戏与早发现、早干预

特殊教育强调对特殊儿童的早发现和早干预。早发现是诊断和干预的基础。大多数家长和教师就是在儿童的游戏中发现他们身心发展异常的。例如，他们会提到"不看我给他买的玩具""不与小朋友玩""不会玩""不知道遵守游戏规则"等。游戏时刻是幼儿最放松的时刻，所表现的也是最真实的自我，特殊儿童的问题往往就会暴露在游戏的过程中。有了这些线索，我们就能及时发现特殊儿童的问题所在，从而及早进行诊断和教育，在问题出现的初期进行干预，以利于干预效果。同时，这里所指的早发现并不仅仅指早期发现特殊儿童的问题，还包括了早发现特殊儿童的能力，这是他们发展的基线，了解他们可以做什么，从而让他们以一个主动者（而不是一个被动的应答者）的身份来接受教育。

目前，在普通幼儿园就读的学龄前特殊儿童中有不少中重度障碍的孩子，由于受先天或后天某些因素的影响，他们在身体、智力、情绪和社会适应等方面存在缺陷，特别是语言发展的障碍使他们很难与教师及其他儿童进行沟通，教师不易了解他们的真实情况。而游戏为教师了解这些儿童提供了机会，因为在游戏中儿童能较容易地表现出他的能力、兴趣和特长。例如，通过游戏教师可了解儿童认知能力：从玩魔方游戏中，可了解儿童精细动作的能力和对事物反应的灵敏度；拼图游戏则能反映儿童的空间知觉能力和记忆能力；等等。另外，儿童的游戏在某种程度上还能反映其情绪状态，教师发现有些情绪失调的儿童，他们的游戏模式往往比较刻板、混乱，在游戏中常常出现偏差，不受同伴欢迎。以上这些行为表现为特殊儿童的早期诊断提供了依据。

（三）游戏与学习

游戏是儿童的天性，伴随着儿童成长。游戏是儿童完全自主、自发、全身心地投入的活动，是促进儿童学习与发展的重要途径。儿童游戏具有趣味性、操作性、学习性、创造性等特点，因此蕴含着有益于儿童身心健康发展的隐形教育潜能。《3~6岁儿童学习与发展指南》中明确指出幼儿的学习是以直接经验为基础，在游戏和日常生活中进行的，这直接表明了儿童主要是在做中学、在玩中学。对于特殊儿童而言，游戏也是他们生活的重要组成部分，游戏能满足特殊儿童的多层次需要，具体如下所述。

1. 游戏能满足特殊儿童生理发展的需要

游戏能使特殊儿童身体各部分得到活动和锻炼，大到追、跑、跳的游戏，小到拼图、绘画、玩沙等游戏，都可以促进特殊儿童肌肉运动，促进骨骼、关节的灵活与协调，进而促进运动能力的提升。特殊儿童在不同的游戏中，变得结实、健康；在与外界环境的多方面刺激中，感官得到多渠道的刺激，反应变得迅速而敏捷；在欢乐的游戏中，习得各种技能，增强了对外界环境的适应能力。游戏为特殊儿童身体的发育提供了机会，使他们锻炼了身体，增强了体质。游戏可以使中枢神经系统的技能状态调整到最佳水平，从而释放过剩的精力，避免厌烦和疲劳，使特殊儿童感到舒适和愉快。

2. 游戏能激发和满足特殊儿童探索外部世界的需要

特殊儿童对周围事物充满了兴趣与好奇心，这种兴趣与好奇心是他们理解环境、影响环境需要的表现。当然这种兴趣和需要因儿童的残障类型不同而有不同的表现。感官缺陷或肢体残障的特殊儿童具有对环境的好奇心和探索的欲望。而心智障碍儿童缺少主动认识和融入环境的主动性。成人引发的游戏可以激发心智障碍儿童对外部世界的兴趣，从而在探索、操作的游戏活动中，追随自己的兴趣来认识环境，依据自己的感性经验开展想象，模仿和表现周围的人和事物。

特殊儿童还能在游戏中发现适合自己身心发展特点的活动，从而使原本是游戏的活动变成今后学习或工作的方向。例如，担任残疾人艺术团指挥的舟舟自小随父亲到歌舞团排练，指挥棒就是他儿时的玩具，舞台就是他游戏的场所，"指挥"游戏把他带进了音乐殿堂。

3. 游戏能满足特殊儿童社会性发展的需要

特殊儿童渴望与其他儿童交往，而游戏为这种交往提供了自然的条件。儿童在共同游戏前，常常需要先就游戏的主题、情节、规则等进行交流。游戏中的这种交往活动，构成了特殊儿童实际生活中的社会关系网络，使他们逐渐熟悉、认识周围的人和事，了解自己和他人的想法、行为、愿望和要求，理解他人，逐渐掌握人与人之间的交往规则，学习分享、谦让、合作等交往技能。

4. 促进特殊儿童语言的发展

游戏能促进特殊儿童听说能力的发展，从而提高他们表达自己需要、意愿的技能。在游戏中，他们会模仿成人，利用想象扮演成人的角色。在他们独自进行游戏时，那些容易刺激特殊儿童说话的玩具，如娃娃、木偶会引起他们自言自语的述说。有时，他们一面玩玩偶，一面自然地发声、说话、交谈，以此增进语言的经验。他们还可以通过念儿歌、讲故事等建立语言环境，培养说话的能力。此时，若教师能给予指点，语言能力的提高将更明显。

5. 游戏能满足特殊儿童自我表现、自我肯定的需要

游戏对特殊儿童而言不仅仅是"好玩"，更重要的是在游戏中可以获得影响与控制环境的能力，可以建立起对自己的信心，减少挫败感。特殊儿童在游戏中通过自己的行为对物体或他人产生影响时，会感到自己是有能力的，感到自己也能做到别人所能做到的事情，会获得成功的喜悦，体验到克服困难、达到目的的快乐。在游戏中获得的成就感和自主感，可以满足特殊儿童自我实现的需要。

6. 游戏促进儿童情绪情感的和谐发展

游戏可以丰富和深化儿童的情感。游戏是一种积极的情感交流方式，它有利于各种情感的产生。特殊儿童在游戏中摆脱了外界的压力，享受到充分的自由，用他们对现实世界的理解和自己拥有的能力来操作实物、处理关系，从而体验成功感，产生自豪感，增强自信心。特殊儿童在游戏中主动地选择和接触各种色彩鲜艳、造型生动的玩具，在游戏中感知美、体验美、创造美，发展美感。特殊儿童在游戏中积累经验、发现知识，进而体验到理智。游戏同样通过人物关系的处理、角色情感的体验，发展特殊儿童的同情心和道德感。在表演游戏和角色游戏中，重组那些使其困惑、失败或创伤的活动，可以使特殊儿童逐渐学会适应和应付环境的变化。

三、游戏教育、游戏治疗与特殊儿童游戏活动

（一）游戏教育

福禄培尔在《人的教育》中强调了游戏在儿童生活中的重要意义，以及游戏在儿童自我表达中的作用。他观察到，"游戏是童年时代最重要的发展，因为游戏是儿童心灵的自由表达……游戏对儿童来说，不仅仅是一个活动而已。游戏充满意义，能为孩子带来很多收获"。游戏是儿童时期的主导活动，游戏教育已成为儿童教育的基本手段。

游戏教育是指教师以游戏的形式开展教学，并营造一个轻松愉快的课堂氛围，让学生在欢快的活动或在激烈的竞争中进行学习，以激发学生的积极性和主动性，使学生通过游戏获得进步与发展。游戏教育具有趣味性、娱乐性、竞争性、目的性和教育性等特点，可以更好地激发学生的学习兴趣，促进学生的认知、情感、能力、运动等全面的发展，提高学生的学习成效。

（二）游戏治疗

游戏治疗是系统性地使用理论模式以建立一种人际历程，受过训练的心理治疗师使用游戏的治愈性力量，来协助案主预防或解决心理的困扰，并达成正向的成长与发展。游戏治疗强调以游戏作为沟通媒介，凡是以游戏作为沟通媒介的心理治疗都可称为游戏治疗。心理治疗师根据不同的理论取向，发展出个人中心游戏治疗、认知行为游戏治疗、格式塔游戏治疗、阿德勒游戏治疗、结构式游戏治疗、亲子游戏治疗、心理动力游戏治疗、生态系统游戏治疗等。游戏治疗不是某一学派的特有方法，而是任何一种在心理治疗中均可使用的工具，它以游戏作为诊断和治疗的中介。游戏治疗的突出特点是在心理治疗中应用游戏作为沟通媒介。在游戏治疗中重点不是"游戏"而是"治疗"，游戏本身不是治疗的目的，而仅仅是治疗的一种手段或方式。表面上，治疗师只是在陪孩子玩，看似很简单，但需要专业技能、专业培训，才能在实践中体现出游戏治疗的精髓。

（三）特殊儿童游戏活动

在特殊教育领域，许多教育工作者认为特殊儿童教育和康复治疗是密不可分的，对特殊儿童的教育需要融入康复治疗的理念，在康复治疗中也需要融入教育发展的理念，而游戏是将特殊儿童教育与康复治疗融为一体的重要媒介。特殊儿童大多数智力水平处于正常儿童的 0~6 岁的水平，难以理解抽象的语言和逻辑教学，需要大量的具体、形象、生动、可操作的活动促进其认知、语言、动作、人际沟通、生活自理能力的发展；同时，由于其语言表达能力的限制，难以用语言准确有效地表达内心的情绪和需求，需要借助可操作的媒介来表达和宣泄自己的情绪及需求。而多数特殊儿童的游戏重复、单一、固着，需要特殊教育教师和家长积极地引导或扩展。因此，我们提出了特殊儿童游戏活动设计这一主题。

特殊儿童游戏活动设计，就是根据相关教育学、心理学的理论，借鉴游戏教育、游戏治疗的理念和方法，以特殊儿童的兴趣和需求为出发点，设计恰当的环节，促进教师或家长与特殊儿童建立良好的关系；有针对性地诱导，循序渐进地教学，促进特殊儿童在感官知觉、粗大动作、精细动作、语言认知、人际沟通、社会适应、生活自理等领域的发展与成长。

第二节 特殊儿童游戏活动设计

特殊儿童像普通儿童一样享有生存、发展、受保护和参与的权利，有身心全面发展的需求。游戏活动设计的总目标就是针对特殊儿童七大领域的发展与康复，倡导在发现障碍后尽早在游戏中进行教育和训练，给教师和家长提供科学的游戏活动设计的原理与方法，促进特殊儿童达到其最佳的发展水平，减少障碍的不良后果，使其得到全面发展、适应社会。特殊儿童游戏活动设计是根据全人发展的理念，针对特殊儿童身心发展特点及其在感官知觉、粗大动作、精细动作、生活自理、沟通、认知、社会技能领域的发展目标而设计的一套游戏活动方案。本章将系统介绍特殊儿童游戏活动设计的目标、评估与步骤。

一、特殊儿童游戏活动设计的目标

目前，针对特殊儿童发展的培养目标分类有多种，如有需要可参照其他分类。本书将以李宝珍等编著的双溪个别化教育课程里的特殊儿童发展培养目标作为游戏活动设计的目标依据，形成感官知觉、粗大动作、精细动作、生活自理、沟通、认知、社会技能七大领域目标，并对每一个领域进行细化，形成具体可行的任务，对特殊儿童进行个别化训练和培养（表5-1）。

表 5-1 特殊儿童游戏活动设计目标

领域	分项	游戏活动目标
感官知觉	感官知觉输入	① 能在引导下运用感官来探索世界。 ② 能在引导下使用感官辨别事物的不同。 ③ 能综合使用多种感官。
	感官知觉表达	能将感官知觉带来的感受和情绪通过声音、语言、行动、表情等多种方式表达出来。
粗大动作	身体控制	① 能自由、稳定地控制身体，如抬头、端坐、跑、跳、弯腰等。 ② 能在要求下做出快慢、动静、轻重、高低、曲直等动作，但是以大肌肉动作为主。 ③ 能在指导下调控身体以操控特定的媒介活动，如滚球、投掷、跳绳、骑自行车等。
	空间觉察	① 能觉察到不同的空间方位和维度，包含身体前方、后方、上方、下方及左右两侧。 ② 能自如地操控身体去探索不同空间方向及维度。
	身体表达	① 能运用身体呈现想象世界所创造出的不同意象。 ② 能运用身体表达内心的情感与想法。

续表

领域	分项	游戏活动目标
精细动作	手部操作	①能利用简单工具如剪刀、黏土、纸张、胶水等，在成人引导下制作简单的玩具及手工作品。 ②能操作各种玩具进行游戏活动，如玩具叠拼组合、滚动玩具、操控布偶、捏塑物品等。 ③能借由手指开展各种童谣活动、戏剧活动。
生活自理	饮食	①能准确咀嚼和吞咽、拿食物吃、喝饮料、用餐具取食等。 ②能帮助家长完成做饭前准备及饭后收拾，能形成合理的用餐习惯。
生活自理	穿着	①能自己穿脱鞋子、穿脱裤子、穿脱衣服、穿戴衣饰配件、使用雨具。 ②能根据天气、场合及需要适当穿着。
生活自理	如厕	①能自己上厕所小便。 ②能自己上厕所大便。
生活自理	身体清洁	能正确地洗手、洗脸、刷牙、梳头、洗澡、洗头发、擤鼻涕、使用卫生棉、刮胡子、剪指甲。
沟通	内在语言	①能根据活动需求维持适当的注意力。 ②能对环境保持好奇心，有探究的欲望和学习动机。 ③能根据指令静坐等待。 ④能模仿他人的动作和行为。 ⑤能遵从指示做出适当的行为。
沟通	声音运用	①能在一定程度内有弹性地运用自己的声音，包含大小、长短、快慢、高低、粗细以及不同的音调等。 ②能运用声音表达不同情绪。 ③能运用声音创造出不同的情境、音效等。
沟通	语言表达	①能模仿某些人物的口语内容或对话。 ②能在两个人以上的团体展现沟通能力。 ③能表达自身意见、聆听他人意见，并且为了共同的目标进行协调。 ④能使用文字或符号表达自己的想法。 ⑤能使用文字创造情境、角色等虚构的事物。 ⑥能以角色身份在虚拟的情境中进行虚拟互动，并且呈现给他人看。
沟通	多元沟通	①能运用身体、声音、表情与动作等，向他人表达自己的想法。 ②能看别人的动作手势，并按动作手势要求行事。 ③能读懂图示并按图示要求行事。 ④能读懂语言或语音提示，按提示要求行事。
认知	问题解决	①能辨认不同的玩具、季节、人物、空间位置等，能根据玩具类型分类、配对、排序。 ②能应用所观察的结果，以语言、身体、声音表达指定物品。 ③能使用玩具在短时间内做出指定的活动。 ④能运用语言、玩具、声音、身体重现或创造某一情境。 ⑤能有创意地使用玩具，能运用既有经验去超越事物的外在形象，予以重新组合，创造出新的意义。
社会技能	人际关系	①能用玩偶进行角色互动游戏。 ②能运用以视力为主的感官，去察觉人事物的特色、位置及彼此关系。 ③能在游戏中针对某一个或多个议题，思考并表达自我对该议题的态度与想法，并且有弹性地去改变。 ④能在团体中进行更复杂的意见交换活动，使团体朝着某一目标努力。 ⑤能了解自己在不同情境下的情绪反应，并且思考适当的情绪表达方式。 ⑥能站在他人立场，了解他人的思想和情感。 ⑦能借着游戏活动以不同的方式来呈现自我、表达自我。

儿童的训练和学习应根据各阶段的发展任务而选择合适的时间，过早、过晚都不利于儿童的发展。特殊儿童由于身体机能的缺失或障碍造成感知、动作、语言、认知、社会行为、生活自理等方面的困难或发展迟缓，他们需要促进他们能力发展的环境。教师应该做好引导和监督的角色，用其能够接受的方式对他们进行适当调节。与其他儿童一样，特殊儿童同样需要探索生活、体验社交及解决问题，他们更需要帮助和鼓励。参与游戏活动不仅可以使他们相应的机体能力得到发展，而且还可以很好地促进他们的心智发展。

此外，家长（或照顾者）是最了解儿童情况、与儿童最亲密的人，因此进行游戏活动时家长（或照顾者）应和教师密切协作，把游戏活动带到家庭中去。这就要求家长具备相关知识，要保持好"量"和"度"，根据特殊儿童在不同发展阶段的特点和目标，以及不同状态的儿童在游戏活动过程中所出现的问题，开展游戏活动。

二、儿童游戏发展水平的评估

准确评估儿童游戏发展水平，是设计有针对性的康复游戏活动的基础。下面介绍三种方式，大家可以根据孩子的情况综合使用。

（一）游戏发展进度量表

游戏发展进度量表是高尔登和库特勒尔研究总结的，列举了儿童在四个游戏领域中的发展顺序，使用者能据此了解儿童在某一特定年龄段的发展概况及发展方向。

1. 操弄／建筑（玩物游戏）

① 玩自己的身体部位（如手指、脚趾）。

② 用手臂挥打并获得愉悦。

③ 抚摸别人的身体部位（如摸别人脸或头发）。

④ 玩水。

⑤ 在游戏中去拿玩具（自己拿或从别人处获得）。

⑥ 在玩中放开玩具。

⑦ 用双手去敲打玩具或拍手。

⑧ 做影响环境的重复性动作（如敲打玩具发出砰砰声）。

⑨ 堆放玩具。

⑩ 自发性地涂鸦。

⑪ 拉扯玩具。

⑫ 将容器（篮）中玩具倒出来。

⑬ 可以横向排列玩具并且有组织性。

⑭ 玩沙（过滤、拍、抹平、倒或挂）。

⑮ 玩拼图。

　　· 三件式的形状拼图（三角形、四边形、圆形）

　　· 四件式个别成型的拼图

　　· 四件组成一形体的拼图

　　· 七件组成一形体的拼图

　　· 十二件组成一形体的拼图

⑯ 将玩具放入容器或篮子内。

⑰ 将盖子盖于容器上。

⑱ 玩黏土。

　　· 会用手去压、挤、滚及造型

　　· 利用工具（如棒子等）加上黏土做造型

　　· 利用沙／黏土做表征的玩物（熟悉的物品，如电话、车子或
　　　茶杯，并能说出其名称）

⑲ 搭积木。

　　· 没有表征意义的建构游戏

　　· 具有表征意义的建构游戏

⑳ 用剪刀。

　　· 用剪刀剪东西

　　· 将纸或布剪成碎片

　　· 沿线剪出不同的形状

　　· 剪出不同的形状

　　· 剪图形（除太细小的部分外）

㉑ 用画图来表征事物（画所知道的故事并能说出故事中的画面）。

㉒ 游戏建构的结果成为重要的部分。

㉓ 组织工艺技巧。

㉔ 使用彩笔将图案着色。

㉕ 拓印 / 盖印画或用笔描绘。

2. 表征游戏

① 在游戏中模仿。

- 模仿声音

- 模仿别人手势

- 模仿别人的面部表情

- 延宕模仿（将以前所看到过的或听过的动作或声音模仿出来）

② 在游戏中可制造声音。

③ 在游戏中可用语言交谈或叫喊。

④ 使用玩具来做虚拟的人物、事物（如假装积木为车，可使玩具具有意义）。

⑤ 功能性使用表征玩具（如电话、车子、娃娃或茶具组合等）。

⑥ 使用成人的衣物玩装扮游戏。

⑦ 表现单一的假装情境游戏（如喝茶、抽烟或开车）。

⑧ 表现虚构情境（单一角色持续在 5 分钟以下，如用茶具喝茶、吃饼干、开茶会、排队，或开车去逛街等）。

⑨ 表现虚构情境（单一角色的游戏可持续 5 分钟以上）。

⑩ 表现虚构情节（有情节、主题但较不具组织性）。

⑪ 表现有组织、情节的假装游戏。

⑫ 可以与其他幼儿做假装游戏（社会扮演游戏）。

3. 社会游戏

① 模仿镜中的形象。

② 对镜中的形象微笑。

③ 在游戏中嬉笑。

④ 玩社会游戏（如拍手游戏）。

⑤ 单独地玩（如幼儿自己玩玩具，即使与别的幼儿处在很近的距离，也不想与其他幼儿在一起玩）。

⑥ 可以独立玩游戏，持续 15~30 分钟。

⑦ 平行游戏（幼儿通常在一起玩，但各自单独做他们的活动或游戏；通常在玩相似的玩具或活动，除非抢夺别人的玩具，不然彼此很少有社会性的互动或影

响他人的活动）。

⑧ 联合游戏（幼儿可在一起玩，但各自玩自己主题的深度活动。彼此间有沟通交流，通常玩的主题是与玩物有关的；各自有自己的活动目标与目的，可以彼此有所关联，但不是一个有完整组织的活动）。

⑨ 两人的合作游戏（两个幼儿参与共同目的的活动，彼此有组织，能相互协调以达目的。通常是玩一些扮演、竞争 / 非竞争的比赛，或做一些作品，彼此相互支持以达到目的）。

⑩ 团体的合作游戏。

⑪ 游戏中有分享行为。

⑫ 玩时可以等待。

⑬ 能为他人做事以达成目标的活动。

⑭ 要求同伴与他一起玩。

⑮ 能叫出同伴的名字并炫耀（自夸其所做的事情）。

⑯ 可与特定的玩伴一起玩并可将他 / 她当作最好的朋友。

⑰ 能在有规则的游戏或比赛中遵守规则，并能轮流分享玩具。

4. 身体 / 动作游戏（体能游戏）

① 可以不用支撑而坐着玩。

② 玩时可以独立站得很好。

③ 爬或匍匐前进。

④ 可以边走边玩。

⑤ 可以双手将球从头上丢出。

⑥ 可以借助大人的椅子爬上爬下。

⑦ 踢球。

⑧ 听音乐、做些律动。

⑨ 踩（骑）三轮车。

⑩ 用双脚做跳远的动作（脚离地）。

⑪ 可以从 25 厘米高处跳下来。

⑫ 接大球。

⑬ 跑得很好（不会跌倒）。

⑭ 跳绳（至少连续两次以上）。

⑮ 会翻跟头、跳跃、荡秋千、溜冰、走平衡木等。

（二）游戏发展阶段

根据"游戏发展阶段"（表 5-2）和"语言发展阶段"（表 5-3），观察孩子喜欢的游戏及游戏中的语言，评估孩子的现有游戏和语言能力，便于为后续的游戏活动设计确定具体的活动目标。

表 5-2　游戏发展阶段

游戏阶段	说　明
探索性游戏	孩子主要通过触摸、喃喃自语、视觉检查、嗅、重击、投掷、往下扔的方式来探索玩具。
组合性游戏	孩子开始组合玩具，比如把一个物体套入另一个物体，把物品放到箱子里，或者把玩具排成一行、堆成一堆或按某些方式排列。
因果性游戏	孩子使用因果玩具，比如枪击玩具和音乐玩具。
功能性游戏	孩子适当地使用普通的玩具，比如推汽车、把人偶装进汽车，以及抛球和接球。
指向自己的假装游戏	孩子从事一些指向自己的假装游戏，例如假装吃饭、假装睡觉，以及假装用玩具电话讲话。
指向他人的假装游戏	孩子从事一些指向他人、玩偶或其他玩具的假装游戏，比如假装喂父母或为玩偶吃饭、为玩偶穿衣服，或者把玩偶放在床上睡觉。
象征性游戏	孩子开始假装用一个东西代表另一个，赋予一个对象它所不具备的特质，并且让对象变得充满活力。例如，假装一块石头是一辆汽车或者一堆石头是一栋大楼；让一个小雕像走路；或让一个玩偶拿着一个杯子，而不是把杯子放到玩偶的嘴边；还可以表演哑剧，比如打开一扇想象中的门。
复杂的假装游戏	孩子把几个假装角色联系在一起并通过玩具讲述一个故事。例如，孩子把几个玩偶放进车里并开车去商店。
想象的角色游戏	孩子在游戏中扮演一个想象的角色，比如医生、消防员、妈妈、爸爸，或者超级英雄。
社交性角色游戏	孩子能够讲述一个故事并在其中扮演一个想象的角色，并且故事中至少还有另外一个人。例如，孩子假装自己是一位教师，而假装他的妹妹是一位学生。

表 5-3　语言发展阶段

语言阶段	说　明
前意图阶段	孩子可以运用大量的非言语表达方式，比如哭泣、微笑、注视以及抓握，然而，他们所要表达的意思并不清楚。
前语言意图阶段	尽管仍然采用非言语的方式，但是孩子所传递的信息变得明显。孩子可以指向或伸手拿物品、为一个确切的理由哭泣，或者通过目光扫视来表达意图。孩子开始运用社交手势及常规性的手势（指向、展示以及给予），通过这些手势来请求、抗议或评论。
单字词阶段	孩子开始理解并使用一些单个的字词，通过手势性语言（目光接触、指向等）结合口头语言来传达意图。孩子开始言语替换，并且开始变换发音的韵律（说话的节奏）。孩子语言的功能继续扩大。他们能够通过语言表示请求、回应、抗议、标记、获得注意、问候，并能重复他们所听到的东西。

语言阶段	说　明
双词阶段	孩子开始整合一些字词，并且他们的词汇量迅速扩大。此时孩子对听众的意识增强，如果听众不理解他们的话，他们可能会重复或改变自己所传递的信息。孩子在这个阶段开始议论事情。孩子的意见有时与成人的话题联系在一起。
早期句法——语义复杂性阶段	孩子开始发展句法规则、形成长句，并通过沟通来实现诸多功能。这些功能包括计划、报告、表达情感、评论一个设想的情境、寻求信息，以及寻求证据。孩子也和其他人一样，开始谈论眼前的过去和将来。孩子开始根据听众所需的信息维持一个主题。
晚期句法——语义复杂性阶段	词汇和句子结构变得更加复杂。孩子开始学习日常沟通中的潜在语言规则，也开始根据听众的不同来改变自己的谈话及语言。
沟通能力阶段	孩子变成一个功能性的沟通者。也就是，他们能够结合口头及非口头语言来发送信息，并且能够出于多种原因进行信息传递。

（三）以游戏为基础的跨学科评估法

跨学科评估法是一个复杂的游戏评估程序，是由林德设计的，将儿童置身于结构性或非结构性的游戏情境中，在不同时间，由成人引导者、父母、其他一个或多个儿童参与。它是为 0~6 岁儿童设计的，为观察儿童的认知、社会与情感、交流与语言以及感知运动领域的发展提供机会。

跨学科评估法是发展的、跨学科的、综合的和动态的，由一个团队来实施，团队成员的组成、游戏活动的编排以及要问的问题都因每个被评估的儿童的情况而不同，它是自然而有效的评估与干预的方法，对儿童的压力较小，对家庭造成的紧张度也较小。用这种方法得出的总结性信息可以帮助确定儿童在认知、社会情感、交流与语言以及感知运动等发展中值得注意的领域，可以得到大量关于儿童在不同情境下与不同人在一起时的行为信息，也可以用来进行形成性和终结性的评估。

1. 准备阶段

用来观测的房间必须备有色彩丰富的玩具和设施，能促使儿童再创造出自己所熟悉的活动，重要的是配备真的或是玩过家家用的物品，布景和物品必须是儿童所熟悉的，同时也要准备一些新的、不常见的情景和物品以促进儿童运用解决问题的策略。测评环境可以有家庭区、玩具区、艺术角或者玩沙子和水的区域、玩手工操作玩具的区域、大运动器械区域等。

2. 评价步骤

（1）非结构性游戏阶段

此阶段以儿童为主导，持续时间为 20~50 分钟，评估者追随儿童，模仿儿童的行为或话语，并在适合于儿童发展水平的平行、联合或合作游戏中和玩具相互作用。

（2）结构性游戏阶段

此阶段时间的长短取决于儿童的年龄和注意力（年龄小或行为困难的孩子持续5~10分钟，能力较强的孩子可持续10~15分钟）。儿童在此阶段进行上一阶段观察不到的认知和言语活动，被要求去完成空间任务，如玩拼图、绘画，或涉及理解事物工作原理的游戏任务，较高层次的解决问题的技能的游戏任务，与发育相适应的技能。

（3）儿童与儿童的相互作用阶段

在此阶段，儿童又回到非结构性活动中去，与另一儿童共同在一个游戏环境中持续5~10分钟。一个熟悉的、年龄稍大的同性别非特殊儿童的出现可以引出最佳的相互活动。本阶段的目的是比较这个儿童与另一个儿童的行为，观察游戏时儿童与儿童的相互作用及社会发展类型，还能看到特殊儿童的认知、语言和运动发展。

（4）父母与儿童的相互作用阶段

此阶段要求父母参与到孩子的游戏中去（如果父母均在，则分别参与），要求他们重复在自己家中的游戏类型，父母观察5分钟，此时观察儿童与家长的相互作用类型以及儿童更多的技能和行为。在游戏的开头部分过后，父母离开游戏房间，观察儿童在此分离期间的行为、情感反应及情感发育水平。

（5）运动性游戏阶段

此阶段包含10~20分钟的运动性游戏。第一部分是非结构性的，由游戏引导者组织，在必要时于各种器械上发起运动性游戏。在做完非结构性活动后，由游戏引导者指导儿童做各种此前未观察过的活动。

（6）吃点心

最后阶段是吃点心，参与活动的儿童可以和被评价者一起吃点心。在此期间，评估者可以进一步观察社会交往，也可以看到自理能力、适应性行为和口腔运动等方面的问题。

在儿童离开之前，最好问家长这样几个问题：今天观察到的儿童表现是典型的吗？是否有儿童没有表现出来，但是有必要让评估者了解的行为？在观察过程中，儿童有没有不同寻常的表现？家长对评估有什么样的期待？

采用这种评估方式，全面评估儿童的认知、语言、人际、精细动作、粗大动作、生活自理、社会适应等方面的能力和水平，可以为后续活动方案的设计打下基础。

三、特殊儿童游戏活动设计的步骤

（一）充分收集资料，评估发展水平，制订教学目标

首先，通过家访与座谈，深入地与家长沟通，了解特殊儿童的家庭背景、身心发展状况、医院诊断结果、接受康复治疗的具体服务情况、家长对孩子现有问题的陈述及其康复期望、孩子的兴趣爱好、作息规律、家长教养方式等，帮助整理孩子的问题、康复目标以及可以利用的康复资源。

其次，用评量表对儿童的自然生活情境及游戏情境进行观察，全面地对特殊儿童的现有能力进行评量，绘制发展曲线，大致规划特殊儿童的康复发展方案。

最后，多位学科专家（如动作治疗、语言治疗、艺术治疗领域的专家）从不同角度评估特殊儿童的现有能力、潜力，制订个别化教学的长远目标与短期目标。

（二）围绕发展目标设计活动方案

根据全面评量的结果，结合家庭资源、学校资源、孩子潜力和兴趣，以及教师所长，设计有针对性的游戏活动方案。

（三）循序渐进地开展游戏教学

第一步：建立关系。在教学的初期，注重让特殊儿童根据自己的兴趣和能力选择喜欢的游戏，教师跟随，无条件地关注、支持、接纳孩子的自由游戏及情绪表达，耐心陪伴，发现特殊儿童的兴趣点、关注点，促进特殊儿童获得自由感、安全感、控制感、胜任感，逐步建立和谐、互助、信任的关系。

第二步：体验游戏。教学中，根据特殊儿童的潜力及发展目标，实行小步子教学，层层深入地实施设计好的游戏环节，在行动中体验与感悟。

第三步：回顾反思。教师在引导特殊儿童参与游戏的过程中和教学后，需要不断地观察、评估、反思，并为下一次的教学总结经验。

在整个教学过程中，教师要情绪饱满地陪伴和引导孩子开展游戏。

（四）在家庭生活中的渗透和指导

教学后，教师需要积极与家长沟通，讨论孩子的表现、进步及存在的问题，教师教学的方法及理念，在家庭生活中如何继续渗透与引导。这个过程非常重要，一是便于教师理解孩子在课堂上的反应，及时调整教学内容，设计更有针对性的活动，满足特殊儿童成长与发展的需要；二是便于家长将特殊儿童课堂上所学的知识与技能迁移到生活中；三是弥补学校课堂教学内容的不足，充分发挥家庭环境的优势，促进特殊儿童全人的发展。这一步骤，需要教师和家长细致地记录特殊儿童的生活及学习表现，并进行充分沟通。

第三节　特殊儿童游戏活动设计范例

父母和教师需要根据观察和评估，设计有针对性的游戏活动，促进孩子的发展与康复。根据孩子发展的七大领域及游戏活动设计原则，下面将在每个领域各呈现一个范例，以帮助大家理解游戏活动设计的思路。

一、特殊儿童感官知觉发展游戏活动设计

（一）游戏与感官知觉

游戏可以作为儿童的一面镜子，反映儿童的身心发展状况以及行为倾向。游戏是儿童与周围环境相互作用的基本形式，在游戏过程中自然而然就会调动感觉、视觉、听觉、触觉，偶尔也会有嗅觉，所以游戏也是训练儿童感知觉能力的一种方式。

特殊儿童在感知觉上存在着不同程度的缺陷，这些感知觉障碍严重地阻碍着特殊儿童的发展。由于特殊儿童的感知觉障碍类型不同，其感知觉能力的局限性也不同。

智力障碍儿童感受性较差，感知速度慢，范围窄，容量小；感知分化较弱，主动选择性差；感知恒常性、整体性差，感知水平和质量都低于普通儿童；在感知动作协调方面也比普通儿童差，空间知觉、时间知觉发展较落后。

自闭症儿童对感官刺激的反应过于敏感或者冷漠，过分注意光源如手电、彩

灯的光线移动；对除自己外的其他人的声音充耳不闻，有的对耳语或某些声音敏感；对痛觉、寒冷、烫伤等表现或敏感或极其迟钝，有些还会出现严重的自伤行为，如吃咬手指；不断嗅东西，吃东西时还会先闻后舔，最后吞食；手眼协调、精细动作能力较低；感知现实能力差。

阿斯伯格综合征儿童注意力涣散，上课不听讲，几乎不与其他人交流，眼神接触时茫然空洞；不会玩游戏，动作笨拙不协调、精细动作差，步态不稳；行为重复刻板、兴趣狭窄特殊、性格固执、脾气不稳定等；生活自理能力差。

学习障碍的儿童感官完好，但是不能精细地反映各种刺激。他们难以从背景中觉察出对象，在视觉识别或听觉理解方面存在困难；空间知觉发展很差，在判断距离、方向和大小方面有困难，难以区别部分和整体、左与右等；肢体动作笨拙，运动迟缓，统合作用欠佳，容易跌倒；走、跑姿势不佳，动作协调性差，不自然，常常表现为同手同脚；运动技巧差，不灵活，动作或快或慢，常跌倒及碰伤自己；眼手不协调，常打翻东西，弄脏和损坏作业本；本体感较差，身体肌肉僵硬，不能放松。

此外，其他特殊儿童存在着或多或少的感知觉问题。鉴于感知觉在其他心理活动中的重要地位，尤其是与认知发展密切相关，所以只有通过有效地训练感知觉，才能够进一步开发特殊儿童的感知能力，为其他能力的发展奠定基础。然而，传统的感知觉训练具有任务式的程序，而且目标较单一，不能很好地激发特殊儿童的兴趣。通过融入感知觉训练技巧的游戏，可以激发儿童的主动性和积极创造性，寓教于乐，同时，最重要的是可以把社会适应结合在游戏中，发展特殊儿童在社会实践与交往中的感知觉能力。

（二）活动范例：万能水

1. 活动目标

① 学生能综合运用触觉辨别水温。

② 学生能运用嗅觉辨别不同液体的气味。

③ 学生能运用味觉辨别液体的味道。

2. 适用对象

① 适合具有触觉、嗅觉、味觉基本能力，需要发展触觉、嗅觉、味觉辨别与

记忆能力的儿童。

②适用于20人以内班级的团体形式，也适用于一对一的个训形式。

3. 活动准备

杯子、水盆、水桶，温水和冰水，各种调料、果汁、果浆，水枪、水彩笔、颜料。

4. 重点与难点

①学生能维持游戏兴趣和注意力。

②学生能在生活中综合运用触觉、嗅觉、味觉能力。

5. 活动过程及策略

热身活动

教师播放关于大自然中山水的音乐，教师用身体示范山和水的动作，引导学生模仿；然后进行角色扮演：教师扮演山，学生扮演水，水围绕山流动。

活动建议：使用《高山流水》《阳关三叠》《平沙落雁》伴奏。

发展活动

①触水辨温：

教师让学生坐在桌前，给他们一杯冰水，看他们的反应如何，若无反应则鼓励他们摸一摸并问冷不冷。

教师再给他们一杯温度适中的水，看他们的反应如何，若无反应则鼓励他们摸一摸并问热不热。

教师可以给予示范并反复练习。

②尝水辨味：

教师在水中加入不同味道的调料（如醋、白砂糖、食盐），进行嗅觉和味觉的训练。

教师让学生闻不同液体的气味。

教师让学生尝不同液体的味道。

教师示范说明每一种调料的味道。

教师询问学生感受和区别。

③神奇水印：

示范—模仿（请你跟我这样做）：教师在全开宣纸上，用手指洒水。

教师用手或者笔在纸上滴水。

教师用笔描画水印的轮廓。

教师让学生观察纸上的变化，然后让学生模仿教师的动作。

活动建议：

①一步一步地慢慢引导学生，不可心急，不可强迫学生，注意倾听学生的想法。

②控制好学生偏好的问题。

③可以加上颜料，让学生感受不同颜色的水、不同浓度的水。

结束活动

如季节允许，教师和学生一起用水枪吸事先准备的水，往对方身上喷洒，可以放一些欢快的音乐。

活动建议：使用音乐《欢乐的泼水节》《泼水节》。

延展活动

①味觉大不同：教师准备三个杯子，里面分别放水、果汁和果浆，引导学生去尝它们的味道，问学生有什么不同。

②触觉大不同：教师准备三个杯子，里面分别放水、果汁和果浆，引导学生去闻闻它们的气味，问学生有什么不同。引导学生触摸，可以先触摸杯子，再触摸杯内液体，让学生比较三杯液体的触感（浓度）有什么不同。

③触水写字：对能力较好的孩子，教师可以在纸上写字，让学生猜是什么字，如果猜不出来可以换简单的字或者图形。然后引导学生写字给教师猜，如此轮流进行。

活动建议：在练习的初期阶段，教师可以只选择识别与感受这种较简单的活动，当熟悉到一定程度之后，就可以结合各种训练并深入辨别运用阶段。

6. 活动效果评量

姓名：　　　　　　　　　　　　出生年月：

实施时间：　　　　　　　　　　负责教师：

阶段	活动	目标	形成性评量					评量方式	评量结果	通过与否	教学决定	备注
			1	2	3	4	5					
热身	热身活动	学生能集中注意力										
		学生能模仿做山和水的动作										
		学生能围绕教师走动										

续表

阶段	活动	目标	形成性评量					评量方式	评量结果	通过与否	教学决定	备注
			1	2	3	4	5					
发展	触水辨温	学生能说出对冰水的感受										
		学生能说出对温水的感受										
		学生能说出冰水和温水的区别										
	尝水辨味	学生能辨别酸的味道										
		学生能辨别甜的味道										
		学生能辨别咸的味道										
	神奇水印	学生能做出不同的玩水动作										
		学生能描画水印的轮廓										
		学生能够自主做水印										
结束	小型泼水节	学生能利用水来进行泼水的游戏										

评量方式：a 操作，b 纸笔，c 问答，d 观察，e 指认，f 其他
评量标准：1 完全未达到，2 少部分达到25%，3 部分达到50%，4 大部分达到75%，5 完全达到
教学使用：P1 大量协助，P2 少量协助，M 示范提示，V 口头提示，G 手势提示
教学决定：C 继续，S 简化，P 扩充
通过与否：√通过，× 不通过

二、特殊儿童粗大动作游戏活动设计

（一）特殊儿童粗大动作发展与游戏

运用游戏进行粗大动作训练旨在运用个体功能，配合大肌肉运动，以有计划、有系统的肢体运动来改善个体的运动机能，帮助特殊儿童集中注意力、发展身心，达到康复的目的。拍球、抛接球、滑滑梯、走平衡木等游戏活动对注意力的训练很有帮助，这是因为特殊儿童对活动中的物体感兴趣，有兴趣就会引起注意，这样经过一段时间的训练，特殊儿童的注意力会有一定的提高。在游戏中进行粗大动作训练能够促进平衡及空间知觉能力的发展，平衡能力是学生发展过程中必须具备的基本能力，空间知觉能力对思维的发展有明显的促进作用。大多数发育迟缓的学生平衡感差，可以通过翻跟头、滚动、滑板、攀登、走平衡木、旋转、踢球、跑步、上下楼梯等活动提高身体平衡能力和空间感知能力。

幼儿游戏的相关研究发现，游戏课程可以促进学龄前学生的基本动作能力发展，且成人参与幼儿游戏可以让成人更了解幼儿的需求，提供适合的游戏活动，更可增进成人与幼儿之间的情感，让幼儿在游戏中自然、快乐、主

动地学习。

发育迟缓的学生需要用游戏的方式进行粗大动作训练。有一些家长在孩子开始接受运动训练时表现出怀疑的态度，认定孩子的运动能力已发展得比较好，训练内容都会了，应加强语言、认知方面的训练。但实际情况是孩子的运动能力虽然有了一些发展，或是说基本动作比较协调，但这只能说明他们具备发展的功能和潜力，并不能说明孩子已达到应有的发展水平。当我们认真地观察和分析发育迟缓学生的运动发展能力时，特别是粗大动作，可能会发现以下问题，比如说动作单一、耐力差、惰性强等。这就表示他们需要相应的训练。而游戏能带给学生更多乐趣，让学生乐于参与训练；丰富多彩的游戏既不会让学生感到厌烦，还能达到事半功倍的效果。

还有训练日志表明，游戏活动介入运动疗法后，脑瘫学生可以对训练表现出更高的兴趣和配合度。将脑瘫学生需要训练的动作与他们喜欢的事物相联系设计出的游戏活动，可以提升脑瘫学生的兴趣与主动性，从而提升训练的效率。

（二）活动范例：木偶与动物

1. 活动目标

学生能控制站姿。

2. 适用对象

①适合具有行走能力，需要发展平衡能力的学生。

②适用于 10 人左右的小团体，也适用于一对一的个体形式。

3. 活动准备

①游戏治疗室：25~30 平方米，室内装饰简单柔和，不宜太有刺激性，内有地垫等。

②音乐《小燕子》。

4. 重点与难点

学生能控制身体部位做出相应动作。

5. 活动过程及策略

热身活动：我是木偶

①规则讲述：小朋友们，我们先来玩一个木偶的游戏，假装自己是木偶，全

身都不能动，看谁站的时间长。

②教师示范木偶动作，学生模仿。

③请学生示范，教师指导。

④教师下指令，学生做动作。

⑤进行木偶走路比赛活动，看谁走得更像木偶。

活动提示：教师在示范时，注意引导学生体会木偶身体僵硬的感觉，让学生控制自己的身体，活动过程中适当检查学生的身体动作，鼓励学生坚持。

发展活动：木偶变变变

①规则讲解，示范动作，让大家用身体模仿植物。

②动作模仿，比如教师示范模仿大树，学生跟随模仿大树。

③教师下指令，学生用身体摆出植物的样子，比如柳树、松树、桂花树、四叶草、狗尾巴草、向日葵、莲花。

④三个人组成小组共同扮演某种植物。

⑤让其他组猜一猜扮演的是什么植物。

⑥在纸上为刚才模仿的大树或花涂色，要求颜色涂在大树或花的轮廓里。

活动提示：教师多鼓励和夸奖学生，发现他们的优点。在扮演小动物时，教师可以给学生一些提示，避免部分学生不知道该扮演什么动物。教师也可让学生模仿教师和同学的动作。

结束活动：美丽花园

①将所有大树、花剪下来，组合拼贴到一张大纸上。

②由教师带领学生将植物拟人化，一人一句表达在花园里的感受。

活动提示：教师要关注到每位学生，给予每一位参与者积极的肯定和欣赏。

延展活动

将教室想象为美丽花园，学生扮演花草树木，自由地随音乐舞动，享受阳光。

活动提示：配上音乐，引导学生感受春天的美好。

6. 活动效果评量

姓名：　　　　　　　　　　　　　　　出生年月：

实施时间：　　　　　　　　　　　　　负责教师：

阶段	活动	目标	形成性评量					评量方式	评量结果	通过与否	教学决定	备注
			1	2	3	4	5					
热身	我是木偶	学生能进入训练的状态										
		学生能控制自己的动作										
		学生能集中注意力										
发展	木偶变变变	学生能运用身体部位做出相应动作										
		学生能与其他人合作完成活动										
结束	美丽花园	学生能创编一句话的故事										

评量方式：a 操作，b 纸笔，c 问答，d 观察，e 指认，f 其他
评量标准：1 完全未达到，2 少部分达到 25%，3 部分达到 50%，4 大部分达到 75%，5 完全达到
教学使用：P1 大量协助，P2 少量协助，M 示范提示，V 口头提示，G 手势提示
教学决定：C 继续，S 简化，P 扩充
通过与否：√通过，× 不通过

三、特殊儿童精细动作发展游戏活动设计

（一）游戏与精细动作

特殊儿童与同龄普通儿童相比，在精细动作发展方面有很大差距，我们在这里简单介绍一下智力障碍儿童、自闭症儿童、注意缺陷多动症儿童、阅读障碍儿童、脑瘫儿童和视力障碍儿童的精细动作发展。

智力障碍儿童在粗大动作方面接近普通孩子，但精细运动能力差，如写字、描画都显得笨拙。可能的解释是精细运动能力的组成元素，如精确地抓握、使用工具等对中枢神经系统的成熟和整合要求更高。Michiel 等人的研究则进一步指出智力障碍儿童的精细动作发育迟缓具体表现在手指的灵活度及双手协调能力方面。罗苏群将智力障碍儿童精细动作的特点总结为五点，分别是肌张力过高或过低，手指不能自如张合；精细动作发展缓慢，动作能力的发展时间明显比普通儿童长很多；双手协调能力差；手眼协调能力差；本体感觉差，部分精细动作活动需要过多的视觉辅助。

自闭症儿童存在运动能力方面的障碍，运动障碍甚至被视为自闭症的伴随症状。研究发现自闭症儿童的精细动作能力发育迟缓表现在伸手、拍手、指点、搭积木、转动门把手等方面，研究者还推测自闭症精细动作能力的欠缺与其语言发育迟缓有关。有的研究也指出自闭症的精细动作能力影响他们其他方面能力的发展，比如精细动作能力与独立生活能力高度相关。

注意缺陷多动症儿童的认知和行为特点非常突出，他们多数有良好的大运动能力，少数儿童的精细动作及动作的协调性略显不足。所以，在进行感觉统合训练时，训练人员可以很好地利用他们优势发展的大运动能力，设计相对复杂的游戏，进行整合度较高的感觉统合训练，提高各感觉系统的统整水平，并提高动作的精细度。而精细动作任务可以减少这类儿童在解决数学问题时的注意力不集中的问题。

阅读障碍是学习障碍的一种，常用来形容阅读能力不良。有阅读障碍的儿童在判断运动物体的大小与速度、做精细动作（如扣纽扣、系鞋带）等方面也会有些异常。在实践中，家长和教师都可以通过游戏的方式训练他们的精细动作，提高他们生活自理的能力。

脑瘫儿童由于脑组织的损伤，导致肌力、肌张力、运动姿势异常，包括大运动发育的异常和精细运动的发育异常。对这些生长发育阶段受到损伤的患儿来说，康复训练进行得越早，康复效果越好。

视力障碍儿童受视力障碍、环境和教养方式的影响，发展大运动能力的机会要少于发展精细运动的机会。视力障碍儿童的活动方式多是静止的，比如坐着做手部抓握的活动，而普通儿童则更多地选择跑、跳等活动方式。而且，视力障碍儿童由于缺少手眼的协调管理，只能用手耳协调来代替，因此，尽管他们的精细运动的发展优于大运动的发展，但相比普通儿童仍显滞后。有些视力障碍儿童掌握自己用勺吃饭技能的时间要比普通儿童晚两年左右。

（二）活动范例：装豆豆

1. 活动目标

① 学生能够双手协调地操作物品。

② 学生能够使用双手灵活抓握物品。

③ 学生能够用拇指和食指捡取小物品。

2. 活动对象

① 具备一定精细动作能力的学生（若存在视力障碍，也可以进行一些训练尝试）。

② 需要增加学习持续性、应用能力的学生。

3. 活动准备

① 铺有地毯或塑料板的教室。

② 瓶口大小不一的瓶子若干。

③ 蚕豆、大米、黄豆若干。

④ 盒子若干。

4. 重难点

① 让学生们用听、看等方式懂得教师的引导语，能够按照教师的指令完成各个活动。

② 注意学生在活动过程中的安全，避免误食等情况的发生。

5. 活动过程及策略

热身活动：豆子传递

事先准备好装有大米、黄豆、蚕豆的瓶子，由教师开始，搭配有韵律的动作，在学生们之间依次传递。先双手传递，后单手传递，传递速度由慢到快。

活动提示：建议在学生熟悉传递动作之后，配上音乐《豆豆丁》，在音乐节奏中感受快慢的变化。

发展活动：豆子装瓶

① 蚕豆装瓶：教师先把装有蚕豆的盒子和空瓶子发给学生们。先让学生们感受瓶子、豆子，可以轻敲瓶子、触摸蚕豆，并给学生们示范，让学生们把蚕豆装到瓶子里去。从双手抓取豆子，到一手拿瓶子一手拿豆子装进去；由一把把抓，到用拇指和食指捡豆豆进瓶子；瓶口由大到小改变。

② 黄豆装瓶：教师先把装有黄豆的盒子发给学生们，并给学生们示范，让他们把黄豆装到瓶子里去（步骤同上）。

③ 大米装瓶，教师先把装有大米的盒子发给学生们，并给学生们示范，让他们把大米装到瓶子里去（步骤同上）。

活动提示：准备的瓶子瓶口要小，有三四颗蚕豆那样大就好。若瓶口过大，有些学生可能会用手抓放进去，影响活动目的。蚕豆的数量要根据教师安排的活动时间、学生的智力水平以及年龄而定，要尽可能多准备一些，将蚕豆装在盒子里发给每个学生，防止因蚕豆散落而影响教学秩序。事先告诉学生这个不能吃，防止有学生因吞食而被噎住。考虑用不同节奏的音乐、节拍来配合"装豆豆"游戏，避免枯燥重复。

结束活动：豆豆睡觉

教师给学生们示范，双手抱着瓶子，一起哼着摇篮曲，哄蚕豆宝宝睡觉。

活动提示：建议配上音乐《摇篮曲》，引导孩子在舒缓的音乐中感受妈妈摇晃宝宝睡觉的感觉。

延展活动

①进行装豆豆比赛，看谁先装满瓶子（瓶口由大到小改变）。

②进行瓶子抛接游戏：学生们面对面站两列，一列抛给另一列（距离由近到远）。然后伴随音乐左右走动，音乐停则一列抛给另一列。

③根据学生能力发展，照顾到能力提升较慢的学生，适当给予评比、奖励。

活动提示：尽可能促使每一个学生都在活动中获得成功，增强学生的胜任感和成就感。

6. 活动效果评量

姓名：　　　　　　　　　　　　　　出生年月：

实施时间：　　　　　　　　　　　　负责老师：

阶段	活动	目标	形成性评量					评量方式	评量结果	通过与否	教学决定	备注
			1	2	3	4	5					
热身	豆子传递	学生能主动模仿教师传递瓶子										
		学生能跟随规则做动作										
发展	豆子装瓶	学生能模仿教师的动作										
		学生能用一只手抓起豆子										
		学生能用一只手将瓶子握稳										
		学生能把豆子准确地装入小口瓶子										
		学生能用拇指和食指捡取豆子										
结束	豆豆睡觉	学生能安静坐下来										

评量方式：a操作，b纸笔，c问答，d观察，e指认，f其他

评量标准：1完全未达到，2少部分达到25%，3部分达到50%，4大部分达到75%，5完全达到

教学使用：P1大量协助，P2少量协助，M示范提示，V口头提示，G手势提示

教学决定：C继续，S简化，P扩充

通过与否：√通过，×不通过

四、特殊儿童生活自理游戏活动设计

（一）游戏与生活自理

游戏是儿童时期的主导活动。皮亚杰认为游戏是儿童认识新的复杂客体和事件的方法，是巩固和扩大概念、技能的方法，是将思维和行动结合起来的方法。皮亚杰根据儿童认知发展阶段把游戏分为练习游戏、象征性游戏和规则游戏。大部分特殊儿童还处于练习游戏阶段，即感知运动阶段。这一时期儿童主要通过身体动作和摆弄、操作具体物体进行游戏活动，通过动作的经验弥补知识经验的缺乏，以此来感知外界事物，习得生活自理的操作技能。同时游戏也能改善特殊儿童生理的缺陷，锻炼大小肌肉，使肢体控制和调节能力得以发展，对专注力、耐力、自信心的提高都能起到促进作用。因此，通过游戏教学对自然生活情境的模拟和练习是发展特殊儿童日常生活自理能力的最好选择。

游戏具有社会性和适应性，是人类社会活动的一种初级模拟形式，反映着特殊儿童周围的社会生活形态。我们可以利用游戏的这一特性，对特殊儿童进行训练，使其发展适应生活和解决问题的能力。同时通过各种基本动作的练习，提高儿童生活自理能力。

对于特殊儿童来说，游戏也是他们的天性。游戏能激发儿童自主和自发的行为出现，提高儿童参与活动的积极性和主动性，调动儿童的主观能动性，在愉悦、自由、宽松的活动氛围中，体验到自理生活的乐趣，同时增加积极情感体验。

当然，游戏对儿童的身心发展的促进作用不是自然实现的，特别是对于特殊儿童来说，教师与家长的积极组织和正确引导显得尤为重要。

（二）活动范例：我会穿衣服

1.活动目标

学生能自己穿衣服。

2.适用对象

① 动手能力差，但有基本粗大动作、精细动作能力的特殊儿童。

② 适用于 10 人以内班级的团体形式，也适用于一对一的个训形式。

3.活动准备

① 游戏治疗室：25~30 平方米，室内装饰简单柔和，不宜太有刺激性，内有坐垫等。

② 儿童自己的衣服，如 T 恤、夹克或毛衣（带拉链、扣子）。

③音乐播放器，服装秀音乐。

4. 重点与难点

学生能学会穿衣服的动作。

5. 活动过程及策略

热身活动：钻洞游戏

①教师引导学生用左手手指环成洞状，右手手指去钻左手手指环成的洞。

②教师用四肢支撑形成四个洞，引导孩子钻洞。

③引导孩子四肢着地形成多个可以钻的洞，然后带领学生轮换着玩钻洞游戏。

活动提示：要考虑孩子能完成游戏，游戏要能够激起孩子的兴趣。

发展活动

①找衣服洞：孩子们拿上T恤，找衣服洞。教师询问孩子：衣服上有没有洞，有哪些洞，我们能不能像刚才那样把自己"钻进"洞里？

孩子找到T恤上的"三个洞"（头和两只手部分）。

②我钻钻钻：教师示范如何穿衣服（T恤开始：晃晃头，把头钻进去，抡动手臂，手穿过袖子……）；重复，并让孩子模仿。最后理好衣服。

③教师重复步骤①和②，还可把T恤换成带拉链或纽扣的夹克或毛衣。

④最后还可以让孩子们互相帮助，穿过衣服上的洞。

活动提示：若刚开始孩子无法独自完成，教师可适当协助（如教师用手抓住孩子的手，帮其慢慢放进袖子）；在完成前面动作的基础上逐渐增加难度；若孩子还不会拉拉链、扣纽扣，教师可适当协助；每一个小进步都应予以适当奖励。

结束活动：服装秀

播放欢快的音乐，由教师主持，让穿好了衣服的孩子进行一场"服装秀"。学生站成两列，依次从人群中间自信大方地走过，两边的同学拍手欢迎。

活动提示：对于没有完成穿衣服的学生，教师要协助其穿好衣服，保证每一个学生都参与。教师先带领大家自信、大方地走路，然后让大家在音乐中排练两次，最后才正式走秀。教师可给学生拍照，增强学生的成就感。

延展活动

①把衣服换成其他（带拉链、纽扣等的）衣服或宽大的裤子，教师可以示范如何穿，帮助孩子（或让其独自）穿上自己最喜欢的裤子或衣服。

②选择洋娃娃，让孩子给洋娃娃穿衣服。

活动提示：注意适当地协助孩子穿衣，让他们感受到穿衣的乐趣。

6. 活动效果评量

姓名：　　　　　　　　　　　　　　出生年月：

实施时间：　　　　　　　　　　　　负责教师：

阶段	活动	目标	形成性评量					评量方式	评量结果	通过与否	教学决定	备注
			1	2	3	4	5					
热身	钻洞游戏	学生能显示出兴趣										
		学生能放松心情										
		学生能做出"钻"的动作										
发展	找衣服洞	学生能够找到衣服上的"洞"										
		学生能指出衣服上的"洞"的位置										
		学生能知道身体可"钻进"衣服的"洞"										
	我钻钻钻	学生能把自己的手钻进衣袖										
		学生能把自己的头钻进领口										
		学生能理好穿在自己身体上的衣服										
结束	服装秀	学生能和教师一起在"服装秀"中唱歌欢呼										

评量方式：a 操作，b 纸笔，c 问答，d 观察，e 指认，f 其他
评量标准：1 完全未达到，2 少部分达到 25%，3 部分达到 50%，4 大部分达到 75%，5 完全达到
教学使用：P1 大量协助，P2 少量协助，M 示范提示，V 口头提示，G 手势提示
教学决定：C 继续，S 简化，P 扩充
通过与否：√通过，×不通过

五、特殊儿童沟通游戏活动设计

（一）游戏与沟通

我们通常将特殊儿童分为视力障碍、听力障碍、智力障碍、自闭症、注意缺陷多动症、学习困难和天才儿童等类型。值得一提的是，诸如视力障碍和听力障碍的儿童，其实只需要借助辅助技术和专业训练，即可帮助其实现语言和非语言的沟通；而天才儿童则是表现为超出正常孩子沟通能力的发展速度和品质，因此其沟通能力一般较好。而智力障碍、注意缺陷多动症、自闭症、学习困难的儿童，则需要通过在游戏活动中渗透教学，以游戏干预的形式提升其沟通能力。以下将具体讨论有关游戏对这几类儿童的促进作用。

游戏能提升特殊儿童的注意力，从而提升沟通能力。周韦华等人研究发现，

注意缺陷多动儿童表现出明显的控制能力差、行事冲动而不顾后果、多动、注意力难以集中，不能建立良好的同伴关系，不能很好地融入集体活动中等问题。这些使其在人际交往沟通过程中效率低下，难以实现互动等。而儿童在游戏中通常表现出较高的注意力和控制能力，他们会集中精力去完成一项游戏任务。所以，将游戏运用于多动症儿童的沟通教学，将会显著促进其注意力发展，从而提升沟通能力。

游戏能促进特殊儿童沟通技巧发展，帮助其实现社会化沟通。李晓庆在研究中发现，智力障碍儿童在非语言沟通方面表现为交往水平低、品质差，交往手段运用困难；表情单一，缺少变化，动作重复，缺乏沟通与交往功能。在语言交流沟通中，智力障碍儿童会忽略交际对象的身份，违反交际语境，不顾及交往对象的感受，缺乏语言交往技巧，语言交往出现不适当行为。而在游戏活动中，尤其是剧场表演类游戏中，儿童需要充分运用肢体和语言的表达形式去扮演，可以全面促进其感知觉发展，帮助实现社会化沟通。

游戏能改善特殊儿童的学习焦虑、交往焦虑、孤独倾向和冲动倾向。关于学习困难儿童，张承芬等人发现，他们在社交技能方面明显低于非学习困难儿童，而社会认知水平低是造成学习困难儿童社交技能差的主要原因。在学校中，学习困难儿童通常受到更多的冷落和孤立，缺乏沟通交往的机会；同时，学业失败造成的不良自我认知本身也降低了他们社会沟通交往的胜任能力和自信，这两方面的原因无疑给学习困难儿童的人际交往沟通造成了障碍。然而，游戏教学能够给予孩子充分参与社交的机会，创造轻松愉悦的学习环境，加上一定的策略，即可为孩子建立信心，提升其人际交往沟通能力。刘敏娜等人的研究表明，游戏活动提高了儿童在家庭生活、同伴交往、学校生活、自我认识和抑郁体验方面的生活质量，改善了他们在学习焦虑、交往焦虑、孤独倾向和冲动倾向方面的心理情况。

游戏环境能促进自闭症儿童的自我调整和模仿能力，促进其社会化的沟通发展。王倩指出，自闭症儿童突出的症状之一是缺乏想象性和象征性的游戏。人类的语言和非语言沟通皆是经由环境中的互动和模仿等学习而得的，而自闭症儿童缺乏象征性游戏，代表着他们很少出现模仿行为，也就意味着他们的社会化水平较低，严重缺乏社会沟通技能。而在游戏环境中，他们更容易调整和模仿，参与大量的运动游戏，即使是单独游戏时，也可能会出现模仿说话等行为，这对其社会化的沟通发展将会起到大力推动的作用。同时毛颖梅等人也证明，非指导式游戏治疗能有效减少自闭症个案的刻板行为，有利于增进自闭症个案的沟通意向，提高其沟通的主动性。

张福娟等人认为游戏对特殊儿童的沟通发展有重要作用。第一，游戏能为特殊儿童沟通发展早期诊断提供线索。对于特殊儿童而言，其社会交往存在着显著困难，尤其是有沟通障碍的孩子，家人和教师不易了解其沟通发展的真实情况。而游戏为教师和家长了解儿童提供了机会，因为在游戏中儿童能很容易表现出沟通能力、兴趣和特长。第二，游戏能够发展特殊儿童的注意能力以及沟通能力。针对儿童好动的特点，教师利用游戏的活动性，调动其多种感官参与学习，能够激发兴趣，维持注意力，提高学习效果。

所以游戏能促进儿童沟通的发展，其在特殊儿童的沟通发展中起着不可忽视的作用。在个体游戏中，儿童的个性化发展得以提升；而在团体游戏中，孩子们作为集体的成员，开始学会互相沟通和了解，这种互动提升了其沟通交往能力，有助于他们的社会化交往。

（二）活动范例：包汤圆

1. 活动目标

① 孩子能在家长言语提示下完成包汤圆的动作。

② 孩子能体验包汤圆的乐趣。

2. 适用对象

适用于具有词语能力，有一定的精细动作能力，需要发展简单句的孩子。

3. 活动准备

① 包汤圆的材料：糯米粉、汤圆馅等。

② 炊具：锅、碗、勺子等。

4. 重点与难点

让孩子在日常生活中学会对常见词语和问句的表达和适当反应。

5. 活动过程及策略

热身活动：玩面团

教师先将面粉做成面团，带领学生玩面团，引导学生揉捏出不同形状，捏出自己喜欢的造型等。

活动提示：家长尽量让孩子自己放手大胆地去捏揉面团。

发展活动：包汤圆之歌

①游戏：教师将自己当作皮，学生做馅，把学生抱在怀里。一边和学生玩一边念歌谣："磨呀磨，揉呀揉，搓呀搓汤圆，花生芝麻放里面，圆圆滚滚丢水里，咕噜咕噜浮上来。"（中间注意停顿以及和孩子的互动玩耍，观察孩子的反应。）

②手把手教学生搓汤圆，并且一边教一边念歌谣，唱一句做一个动作：磨呀磨——用手磨面粉；揉呀揉——用手揉面团；搓呀搓——用手搓汤圆；花生芝麻放里面——包馅；圆圆滚滚丢水里——把汤圆放进锅中。

③做好之后，与孩子一起观看锅中变化，等待汤圆煮熟。

结束活动：汤圆熟啦

和孩子一起品尝汤圆，尤其是将孩子自己的"劳动果实"挑出来，给予鼓励、表扬。在品尝过程中，也可以夸张地表达出"好烫啊""真好吃"等语言和动作。

活动提示：可以将"汤圆"扩展为其他食物，在日常烹饪中即可进行教学。尽量多鼓励孩子，并且注意他们的反应。

延展活动

引导家长在生活中使用其他食品开展活动，比如包包子、饺子、抄手等；还可以多让孩子玩黏土、橡皮泥等，用以代替食材，制作包子、饺子等，引导孩子用言语表达。

活动提示：根据孩子的情况适当重复并延展。

6. 活动效果评量

姓名：　　　　　　　　　　　　　　出生年月：

实施时间：　　　　　　　　　　　　负责教师：

阶段	活动	目标	形成性评量					评量方式	评量结果	通过与否	教学决定	备注
			1	2	3	4	5					
热身	感知糯米粉	学生能用手感知糯米粉										
		学生能表达玩糯米粉的需求										
		学生能多样化地玩糯米团										
发展	包汤圆之歌	学生能看教师做动作										
		学生能模仿教师动作										
		学生能独立念出儿歌										
	做汤圆	学生能看教师做汤圆										
		学生能表达自己包汤圆的需求										
		学生能自己做汤圆										
	煮汤圆	学生能和教师一起观察水开的过程										
		学生能与教师一起边念儿歌边将汤圆放进锅里										
		学生能表达汤圆的变化										
		学生能耐心等到汤圆煮熟										
结束	汤圆熟了	学生能主动表达吃汤圆的需求										
		学生愿意与教师分享汤圆										

评量方式：a操作，b纸笔，c问答，d观察，e指认，f其他
评量标准：1完全未达到，2少部分达到25%，3部分达到50%，4大部分达到75%，5完全达到
教学使用：P1大量协助，P2少量协助，M示范提示，V口头提示，G手势提示
教学决定：C继续，S简化，P扩充
通过与否：√通过，×不通过

六、特殊儿童语言与认知发展游戏活动设计

（一）游戏和语言与认知

　　游戏为特殊儿童增加了学习机会，促进其注意、记忆、语言等认知能力的发展。特殊儿童由于某些大脑损伤，其感知觉和动作的发展比较迟缓，水平也比较低。他们的认知发展多处于感知运动阶段。在认知发展过程中，动作是一切知识的源泉。游戏为他们提供了更多动手、动脑的机会，通过活动使大脑获得有关身体各

部位的信息，从而使动作协调起来，对外界刺激作出正确反应。

特殊儿童有意注意的时间短，如果用语言讲授或单一教法容易使他们产生疲劳、注意力不集中的现象。活泼、有趣的游戏活动能吸引他们的注意力，特别是那些新颖而有趣的玩具，更能引起他们的关注和好奇，这对培养其有意注意很有帮助。针对儿童好动的特点，教师利用游戏的活动性，调动其多种感官参与学习，激发了兴趣，提高了学习效果。

布鲁纳认为游戏是一个充满快乐的问题解决过程，游戏为儿童提供了在各种条件下大量尝试的机会，激活了儿童的思维，使知识的获得、转化以及评价过程得以实现。在游戏活动中特殊儿童会不由自主地思考：怎样去完成这个活动？是自己一个人完成还是求助？需要什么道具来完成？他们模仿教师的动作，观察并经过大脑加工后变成自己的，再控制身体把它表现出来。这样的游戏对特殊儿童的思维发展是很有益的。

特殊儿童在记忆力上普遍存在识记速度缓慢、记忆容量小、保持不稳定等特点，从信息加工的观点来看，特殊儿童无论是短时记忆还是长时记忆，无论是信息的存储还是信息的提取都有困难，而游戏通过自然、重复、调动身体各个部位的方式来帮助特殊儿童发展记忆。教师和家长通过游戏活动把需要记忆的知识点立体化、结构化。特殊儿童通过参与、操作、表达来构建对知识的记忆。

（二）活动范例：我会认衣服

1. 活动目标

学生能根据天气、场合及各种不同情况的需要选择适当的穿着。

2. 适用对象

① 适合认知能力较好但生活自理能力差的特殊儿童。

② 适用于 10 人以内班级的团体形式，也适用于一对一的个训形式。

3. 活动准备

① 图片：差异明显的各个年龄段、性别、季节的服装图片，各种代表性场合、职业的服装图片，以及相关的卡通人物玩具。

② 游戏治疗室：25~30 平方米，室内装饰简单柔和，不宜太有刺激性，内有坐垫等。

③ 欢快的音乐。

4. 重点与难点

学生能根据天气、场合及需要选择适当的衣物。

5. 活动过程及策略

热身活动：动作模仿

① 教师播放轻松欢快的歌曲，表演各个年龄段的人的行为举止、声音等；学生模仿。

② 教师用夸张的动作表演穿上自己外套的动作并发出声音，让学生模仿声音、动作（也可以问问我们的衣服有什么不同，让孩子观察衣服的区别）。

活动提示：教师穿的动作和相关语言要夸张、吸引人；结合音乐节奏做动作，可引导孩子多模仿几次；根据孩子实际认知发展水平问有关衣服的问题。

发展活动

① 穿衣服：由教师演示如何穿衣服（先把衣服理好，拿着甩一甩；把左手伸进左袖，右手伸进右袖，手臂、手掌动一动、挥一挥；整理衣领、衣边、拉链或纽扣等）；结合相关的解释言语：这个是衣身 / 袖子 / 衣领 / 衣边 / 纽扣 / 拉链 / 口袋等；教 / 协助儿童穿衣服，引导儿童与教师一起触摸、感知衣服，以及使用衣服各部位。

② 衣服辨识：由教师展示差异明显的各个年龄段服装图片，一起想想身边哪些人穿了类似的衣服；并做相关说明，引导儿童观察它们的显著特征、区别；想象那样的衣服应该由哪些人穿；还可以让孩子选出自己喜欢穿的衣服图片，指出它们与自己的衣服的区别。

③ 服装穿搭：教师指定卡通人物玩具，由儿童帮其选择衣服穿搭；或给出衣服图片，让儿童选择适合穿的卡通人物。

活动提示：如果儿童需与教师合作，让儿童拿起衣服，尝试把手伸进衣袖；直到他们能够说出衣服的各个部位及其功能，才可进入下一阶段；教师第一步可以先使用"小孩"和"大人"的衣服做区别；然后教师再详细介绍衣服的大小、颜色等，让儿童明白哪个年龄段的人穿什么样的衣服才合适；当儿童回答正确时，应给予适当奖励。

结束活动

教师播放欢快的儿童歌曲，与孩子一起，一边做穿衣服的动作一边跳舞、唱歌和欢呼；对能力好的学生，可以引导他们模拟特定服装所指代的角色进行语言表达和互动，结束游戏。

活动提示：穿上衣服之后，还可以舞动、游戏，进行即兴角色扮演。

延展活动

可以把"各年龄段服装图片"换成不同性别的服装、四季服装图片，以及各种代表性场合、职业的服装图片，从而认识这些衣服的特征、区别；孩子们穿上不同类型的衣服之后，进行角色扮演、故事汇演。

活动提示：教师可根据学生的能力水平，在前面活动的基础上选用恰当的延展活动，拓展学生的能力。

6. 活动效果评量

姓名：　　　　　　　　　　　　　　　　出生年月：

实施时间：　　　　　　　　　　　　　　负责教师：

阶段	活动	目标	形成性评量					评量方式	评量结果	通过与否	教学决定	备注
			1	2	3	4	5					
热身	动作模仿＋穿衣服	学生能显示出对活动的兴趣										
		学生能认识衣服各部位及其功能										
		学生能和教师一起穿衣服										
发展	衣服辨识	学生能够识别小孩与大人的衣服										
		学生能识别中年人与老年人的衣服										
		学生能识别各个年龄段的衣服										
	衣服穿搭	学生能为小孩和大人选择适当的衣服										
		学生能正确为各年龄段人物选衣服										
		学生能为卡通人物选衣服										
结束	结束阶段	学生和教师一起在扮演活动中唱歌、欢呼										

评量方式：a 操作，b 纸笔，c 问答，d 观察，e 指认，f 其他
评量标准：1 完全未达到，2 少部分达到 25%，3 部分达到 50%，4 大部分达到 75%，5 完全达到
教学使用：P1 大量协助，P2 少量协助，M 示范提示，V 口头提示，G 手势提示
教学决定：C 继续，S 简化，P 扩充
通过与否：√通过，× 不通过

七、特殊儿童社会技能发展游戏活动设计

（一）游戏与社会技能

由于健康状况、身体机能、生活环境的差异，智力障碍儿童、听力障碍儿童、视力障碍儿童、自闭症儿童、脑瘫儿童、注意缺陷多动儿童的社会技能发展缺陷与需求也各有差异。

智力障碍儿童在人际交往能力方面，交往手段较单一，缺少灵活性；情绪控制能力低；人际认知能力差，缺乏对人际交往规则的理解；人际交往的意愿度不高。但这些儿童对他人拒绝很敏感，需要他人的关注、接纳。游戏中很少会出现拒绝现象，游戏参与者之间的接纳程度是较高的，利于促进智力障碍儿童交往。因为智力障碍儿童日常生活能力尤其是工具性生活自理能力差，不会扫地、做饭、洗衣等，而家庭成员又较少与智力障碍者就家事劳动等进行沟通，导致他们缺乏锻炼，应该多进行工具性生活自理能力方面的游戏活动安排。

听力障碍儿童的缺陷主要在于听力，这会影响他们的语言发展、交流，也同样会影响他们的游戏发展水平。他们游戏形式较固定、单一，对声音刺激游戏不敏感，多出现攻击行为，在进行社会技能干预时需要以多种交流方式来进行。

视力障碍儿童需要更多地以听觉、触觉、嗅觉形式来感知世界、与人交往。在社会技能方面，需要更多以其他感觉通道形式来进行提升发展。若儿童同时存在听力、视力障碍，则触觉、嗅觉将是剩下的主要途径，需要多进行触觉、嗅觉类游戏活动。视、听障碍儿童还在情绪方面均具有内倾性，多压抑内心想法、感受，不利于其心理健康。这些问题也需要通过游戏活动进行改善。

自闭症儿童的人际交往主动程度很低，难以自发地与他人进行交流；不会使用适当的注视、脸部表情、身体姿势及手势等肢体语言调整社会互动；缺乏情绪识别、互动能力等。与人交往的主动性、情绪识别与互动能力是其社会技能发展的需要，都可以从各种游戏活动中得到训练。

脑瘫儿童多存在运动障碍、感觉障碍、交流障碍、智力障碍，情绪、行为、性格问题，在社会技能发展中，动作能力、感知觉能力、言语沟通、情绪和行为将会是阻碍因素，在社会技能干预中，考虑到这些因素，将个体训练与团体活动的形式相结合，能达到更好的效果。

注意缺陷多动儿童的认知、动作等能力发展较好，但是他们难以集中注意力。在社会技能发展方面，提升注意力或者通过无意注意的方式有利于他们习得社会技能。

运用游戏的方式来进行干预，需要制订出特殊儿童社会技能发展的目标，有层次、有结构地开展游戏活动。在游戏中，需要就游戏的主题、规则、情节、玩法等进行交流，能够以象征、直观、趣味、轻松的交往形式帮助儿童发展诸如轮流、等待、分享与合作等人际交往技能。

目前将游戏运用于特殊儿童社会技能发展的研究还比较少，特殊儿童的社会技能发展主要是靠康复训练。

（二）活动范例：打招呼

1. 活动目标

① 学生能够掌握打招呼的动作。

② 学生能够主动与人打招呼。

③ 学生能够主动交朋友。

2. 适用对象

适用学过数字1~4，需要发展主动问好技能的特殊学生。

适用于10人以内班级的团体形式，也适用于一对一的个训形式。

3. 活动准备

① 1、2、3、4四个数字的胸牌若干（根据教学人数而定）。

② 游戏治疗室：25~30平方米，室内装饰简单柔和，不宜太有刺激性，内有坐垫等。

③ 音乐《伊比呀呀》。

4. 重点与难点

儿童能够主动与人打招呼。

5. 活动过程及策略

热身活动

① 教师根据日常打招呼的方式，比如挥手、握手、拍肩、拥抱，将这些动作设计成体操。

②教师先一边唱儿童《伊比呀呀》，一边对学生进行动作的示范，再带领学生做这些动作（伊比挥挥，伊比伊比挥；伊比握握，伊比伊比握；伊比拍拍，伊比伊比拍；伊比抱抱，伊比伊比抱）。

③在学生大致掌握这些动作之后，教师让学生两两之间进行互动。教师唱歌，邀请所有人进行团体互动。

活动提示：教师一次只教一个动作，避免动作太多造成学生不知该使用哪种动作打招呼。从动作模仿到节奏的加入，从集体模仿到两人互动再到团体互动，逐步促进学生接受同学之间的身体接触，学会用身体动作打招呼。教师可以将学生分组，让其互相帮助完成这些动作。教师结合音乐节奏设计的动作不应太复杂。

发展活动

①找人玩：教师将学生分成四组，第一组儿童获得数字"1"的胸牌，第二组儿童获得数字"2"的胸牌，第三组儿童获得数字"3"的胸牌，第四组儿童获得数字为"4"的胸牌。

胸牌为"1"的学生需要找其他胸牌为"1"的学生玩，其他数字也是一样。不过在玩之前需要和对方先打招呼，可以是挥手、握手、拍肩、拥抱，并且说："你好，我们一起来玩吧。"

②交朋友：教师将学生分为两列相对的形式，1、2一列，3、4一列，并让相对的两个人打招呼交朋友，说："你好，我们可以做朋友吗？"互相握手，介绍自己的名字。

③学生两两面对面坐下，每人一张A4纸和一支水彩笔，双方看着对方的脸画出自己眼中的伙伴。添加图形作为礼物，写上简单的祝福送给对方。

活动提示：可以在图卡或黑板上呈现1、2、3、4的数字，确保学生会认。教师观察学生是否按照要求去找朋友，是否主动结交朋友。结交到朋友的学生可以得到一定的奖励。教师强调在结交朋友之前一定要打招呼。教师要确保学生理解了交朋友的动作和语言，并在活动中不断重复和强化。

结束活动

所有学生都成了好朋友，在一起玩。教师带领学生摆1、2、3、4的数字阵型，比如胸牌为1的站成一行或者是一列，胸牌为2的组成2字形，胸牌为3的组成

3 字形, 胸牌为 4 的组成 4 字形。让学生相互辨认字形。都会认后, 可以交换。

活动提示: 队列可以多种多样。教师观察有没有学生因分不清数字而站错队列。

延展活动

教师可以让学生手拉手围成一个圈, "1" 找 "2" 做朋友, "3" 找 "4" 做朋友; "2" 找 "3" 做朋友, "4" 找 "1" 做朋友。各个 "数字" 可以交叉交朋友。教师可以让不同的 "数字" 使用不同的方式打招呼。

数字学会后, 可以变换成字母或汉字来玩。

活动提示: 教师可根据学生的能力水平, 在前面活动的基础上选用恰当的延展活动, 拓展学生的能力。

6. 活动效果评量

姓名: 　　　　　　　　　　　　　　出生年月:

实施时间: 　　　　　　　　　　　　负责教师:

阶段	活动	目标	形成性评量					评量方式	评量结果	通过与否	教学决定	备注
			1	2	3	4	5					
热身	打招呼体操	学生能够将注意力集中到课堂上										
		学生能够模仿教师的体操动作										
		学生能够掌握打招呼的动作										
发展	找人玩	学生能够找到与之胸牌一样的同伴										
		学生能够使用打招呼的动作										
		学生能够主动找同伴打招呼, 邀请其玩耍										
	交朋友	学生能够主动交朋友										
		学生能够在交朋友之前打招呼										
		学生能够熟练地运用打招呼的动作										
		学生能够获得交朋友的社交技能										
结束	数字联欢	学生能够熟练地用打招呼动作与其他同伴交朋友、玩耍										

评量方式: a 操作, b 纸笔, c 问答, d 观察, e 指认, f 其他
评量标准: 1 完全未达到, 2 少部分达到 25%, 3 部分达到 50%, 4 大部分达到 75%, 5 完全达到
教学使用: P1 大量协助, P2 少量协助, M 示范提示, V 口头提示, G 手势提示
教学决定: C 继续, S 简化, P 扩充
通过与否: √通过, × 不通过

八、日常生活中的游戏活动设计

日常生活中的点点滴滴都能转化成游戏活动，家长要善于发现并结合上述方法促进孩子各项能力的发展。

时间	活动流程及策略	活动目标	家长反思
早上	可锻炼触觉、视觉、嗅觉、味觉的能力。 起床：家长用毛绒玩具触碰孩子的脸、手，让孩子在痒的触觉感受中起床。 穿着：家长让孩子闭上眼睛，让他用手分辨出衣服、裤子后再给孩子穿上。 洗漱：家长把孩子手放在盆中，感受和分辨冷水或温水后洗脸，也可玩水。刷牙时分享牙膏的味道，同时教育孩子不可吞食。 早餐：家长带领孩子先用嗅觉感受牛奶（橙汁、豆浆）、包子、油条、鸡蛋（或其他食物）的气味，再让孩子用视觉分辨颜色，最后再用味觉感受。	① 孩子能用身体感知毛绒玩具的触感。 ② 孩子能分辨出衣服和裤子的形状。 ③ 孩子能辨别冷水和温水。 ④ 孩子能用嗅觉记忆早餐的味道。 ⑤ 孩子能用视觉辨别不同食物的颜色。	① 每一次的小游戏涉及的主要感官能力是什么，次要感官能力是什么？ ② 完成了多少感官能力的目标？ ③ 怎么利用更有效的方式在日常生活中锻炼感官能力？
中午	做饭的过程中锅碗瓢盆敲击的声音、各种菜的色香味都是视觉、味觉和嗅觉游戏的灵感来源，家长应多加利用。要尽可能整合多方面的感官能力，协调发展或利用其他感官补偿性发展。 做饭：家长在厨房中带领孩子进行游戏，让孩子利用嗅觉、味觉、视觉感受和分辨各种作料和食材，如黑色的酱油、白色的盐、红色辛辣的辣椒、绿色甘甜的黄瓜、紫色的茄子等。另外，家长可陪孩子一起玩各种厨具，感受敲打的声音。 午餐：家长带领孩子在吃菜中进行嗅觉、味觉、视觉游戏。 午睡：家长带领孩子用身体感受床、椅子、沙发等家具带来的不同感觉，让孩子在家长有节奏的拍打、抚摸中入睡。	① 孩子能用味觉辨别不同食物的味道。 ② 孩子能用嗅觉辨别不同食物的气味。 ③ 孩子能用视觉辨别不同食物的颜色。	

续表

时间	活动流程及策略	活动目标	家长反思
晚上	动漫时间孩子需要学会的感官能力和认知能力结合较多，难度稍大。而洗澡时间可以作为一个主题活动，发展视、听、触、嗅等感官能力。 动漫：动漫时间无疑是激发特殊儿童想象力和创造力的重要机会，家长可以在生活中带领孩子模仿动漫人物的行为技能（角色扮演），练习对话口语，识记人物、动物等。 洗澡：家长在浴盆中吹泡泡，让孩子用身体感受泡泡；家长让孩子闭上眼睛触碰玩具，猜对了玩具后玩玩具；家长让孩子听拍打水的声音；家长让孩子感受沐浴露和水的触感；家长带领孩子嗅各种香味（花露水、沐浴露、洗发液等）。 入睡：睡觉时候孩子可以听着家长讲的故事或者家长唱的摇篮曲入睡，可以让孩子手里抱着柔软的枕头、玩具等。	①孩子能模仿动漫人物的动作。 ②孩子能模仿人物语言。 ③孩子能运用视觉记忆能力识记人物动物。 ④孩子能用触觉区辨不同的玩具。 ⑤孩子能用触觉去感受沐浴露和水的触感。 ⑥孩子能用嗅觉去闻各种香味。	①结合的感官能力是否都得到了锻炼（如视触结合的泡泡游戏）？怎样做可以改善？ ②感官能力如果需要发展到更高的阶段，和认知、动作技能等结合起来（如角色扮演），应怎样实践？
延展活动	①日常生活中有很多题材，如厨房主题、洗澡主题、动漫主题、蔬菜主题、水果主题等，可开展各种类型的活动，家长需要有意识地去发现和运用。主题活动能帮助孩子多感官协调发展。 ②除了多感官发展的目标需要达成以外，在孩子能力允许的范围内，应促进感官能力向认知、动作技能发展，最重要是感官能力运用的生活化。 ③家长可以阅读有关行为训练的书籍。许多日常行为的建立可以利用到强化、塑造等技术。		

本章参考文献：

［1］刘焱. 儿童游戏通论 [M]. 北京：北京师范大学出版社，2004.

［2］林德. 在游戏中评价儿童 [M]. 陈学锋，江泽菲，译. 上海：华东师范大学出版社，2008.

［3］林德. 在游戏中发展儿童 [M]. 陈学锋，江泽菲，译. 上海：华东师范大学出版社，2008.

［4］英格索尔. 自闭症儿童社交游戏训练 [M]. 郑铮，译. 北京：中国轻工业出版社，2012.

［5］毛颖梅. 特殊儿童游戏治疗 [M]. 北京：学苑出版社，2010.

［6］李雅卿. 成长战争 [M]. 北京：中国青年出版社，2002.

［7］温. 孤独症谱系障碍：家长及专业人员指南 [M]. 孙敦科，译. 北京：华夏出版社，2013.

［8］周兢. 幼儿园语言教育活动设计与组织 [M]. 北京：人民教育出版社，2007.

［9］张福娟，江琴娣. 游戏与学龄前特殊儿童的心理发展 [J]. 心理科学，2003，26（6）：1119-1120.

［10］梁培勇. 游戏治疗的理论与实务 [M]. 广州：广东世界图书出版公司，2003.

［11］洪玛莉. 深化游戏课题研究践行课程领导策略 [J]. 学周刊，2014（25）：208-209.